B플렛

리토피아포에지 · 163
B flat 비플랫

인쇄 2025. 6. 05 발행 2025. 6. 15
지은이 김혜주 그림 문철
펴낸이 정기옥
펴낸곳 리토피아
출판등록 2006. 6. 15. 제2006-12호
주소 21315 인천광역시 부평구 평천로55번길 13, 903호
전화 032-883-5356 전송 032-891-5356
홈페이지 www.litopia21.com 전자우편 litopia999@naver.com
ISBN-978-89-6412-204-4 03810

값 14,000원

* 이 책의 판권은 지은이와 리토피아에 있습니다.
* 잘못 만들어진 책은 바꿔 드립니다.

김혜주 시집
그림 · 문철
B flat 비플렛

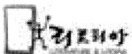

차례

제1부
당신을 알아요 · 11
이별의 도착 · 12
내가 훔쳤던 눈물까지 · 15
연인 · 17
사막을 이해한다는 · 18
밀항 · 19
시간 밖의 시간 · 21
만나러 갑니다 · 23
나중에 전하렵니다 · 24
덜컥이라는 발음 · 25
당신과 헤어지다 · 27
바람이 전하는 노래 · 29
먼지들이 가라앉는 시간 · 30
코스모스 · 31
꽃봉지 · 33
가끔은 누가 와서 깨우는 아침 · 35
이기체리의 그늘 · 36
페루의 끝 · 40

제2부
조용한 일 · 45
너무 아름다운 집터 · 47

길들여지지 않는 일	49
동화의 길	50
실로폰 소리가 듣고 싶은 날	54
먼 곳	57
독백의 날들	59
카페의 모퉁이를 도는데	62
손수건을 빨며	63
구절초	64
푸른 방	65
빈 들에서	67
귀천의 사내	68
위험한 외출	71
당신의 색깔로 옮겨 가다	72

제3부

입학식	77
시간이 주고 간 詩	79
엷은 호수	80
갈 수 없는 나라	84
톨스토이의 들판	87
눈부시지도 어둡지도 않은	89
쓸쓸해서 고맙다	91

삼나무숲을 바라보는 동안	92
야간 주행	95
눈이 내리고, 아파트는 변했다	97
이사	98
파도가 친다	99
투명한 그림자	101
내게 말을 걸었다	102
안부	103
비탈 위에 서다	105
버릇	107
짧았던, 그리고 길었던	108
짧은 시	109

나를 지켜주는 것과 떠나가는 것 사이에서

가장 아름다운 집을 짓습니다_김혜주	111
고요와 마주한 문철 작가의 울음소리_문철	115
축사 _강지원	120
축사 _최재진	123
축사 _정연심	125
축사 _이사라	127

B Flat

제1부

당신을 알아요

바람이 체위를 바꾸자
나무향이 깊어지면서
남십자성이 맑은 빛으로 느릿하게 움직이고 있어요

꽃이 시들어 떨어질 때
블랙홀로 던져지는 것 같아서
당신의 물병자리는 틈틈이 거짓말을 하곤 합니다

하찮은 일도 중요한 일인 것처럼
몰래 훔친 눈물도 기뻤던 일인 양
허풍 같은 소리를 하는 당신은

겨울에 태어난 여름의 물고기로 유영하며
시간의 모퉁이 쪽에 흘려 놓은 은빛 비늘 한 점 같이

당신을 알아요
봄을 기다리는 나뭇가지, 부푸는 초록의 움처럼

이별의 도착

앞서가는 이를 가로지르느라
돌아보지 못한 자리에 멈추어 있었다

네가 서 있었던 동안 나도 멈춰 보았으나
알아보지 못한 서로가
확인하지 못한 것들을 찾아보기 위하여
잠시 머물러 있었던 역

놓아주지 못한 시간과 이별하기 위해
도착해야 하였던
사실은 네가 거기 있기를 바랐던

그 길 어딘가에 흘러버렸을 한쪽 날개 마냥
너를 잃었던 내 마음의 상실로
아직은 하차하는 사람들의 걸음을 이해하지 않았다

그림자만이라도 불러 세우고 싶었다

앞서가는 이를 앞지르느라
미처 돌아보지 못했던 순간들을 떠올려야 했던 것은
미리 와 정해져 있던 순서였을까

놓아주지 못한 것들과 이별하기 위하여
나를 부르기 위해 가려는
바퀴 소리가 가까워져 온다

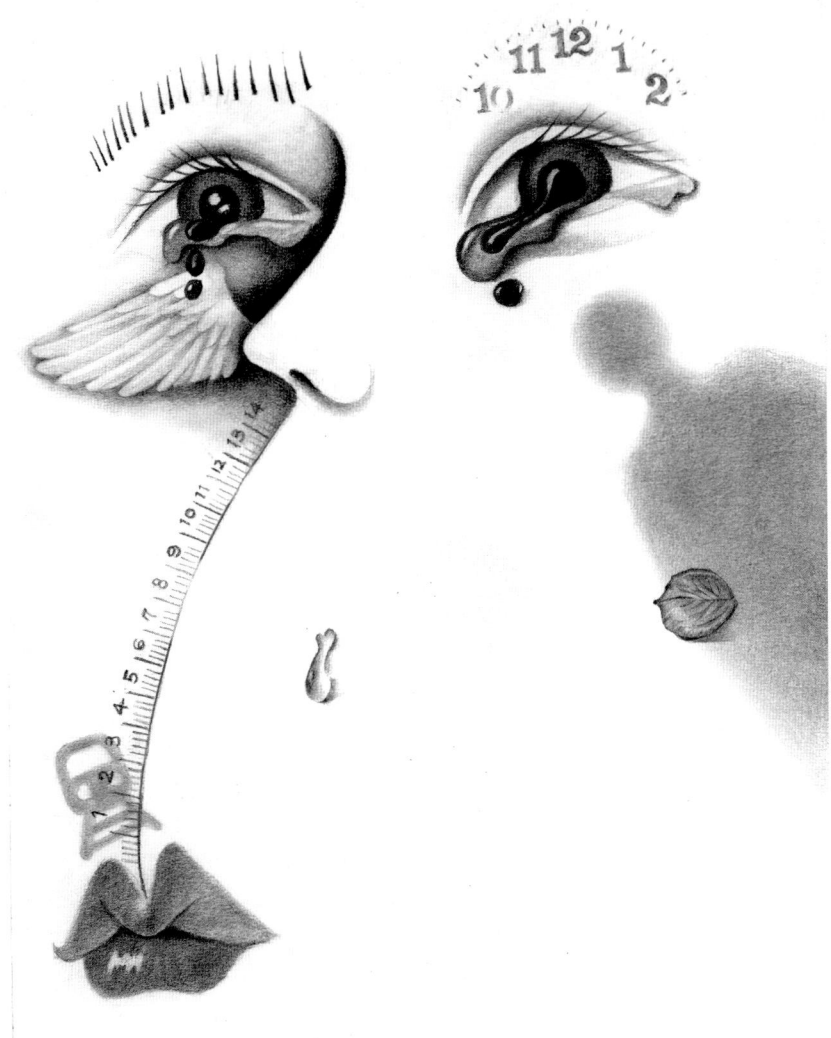

내가 훔쳤던 눈물까지

뒷마당에선 매일 풀들이 자라났다

그런 게 잘 보이지 않다가도 마음이 아프거나
허기가 졌던 날에는

풀들의 키가 전생의 여름에서보다
길어나 있고는 하였다

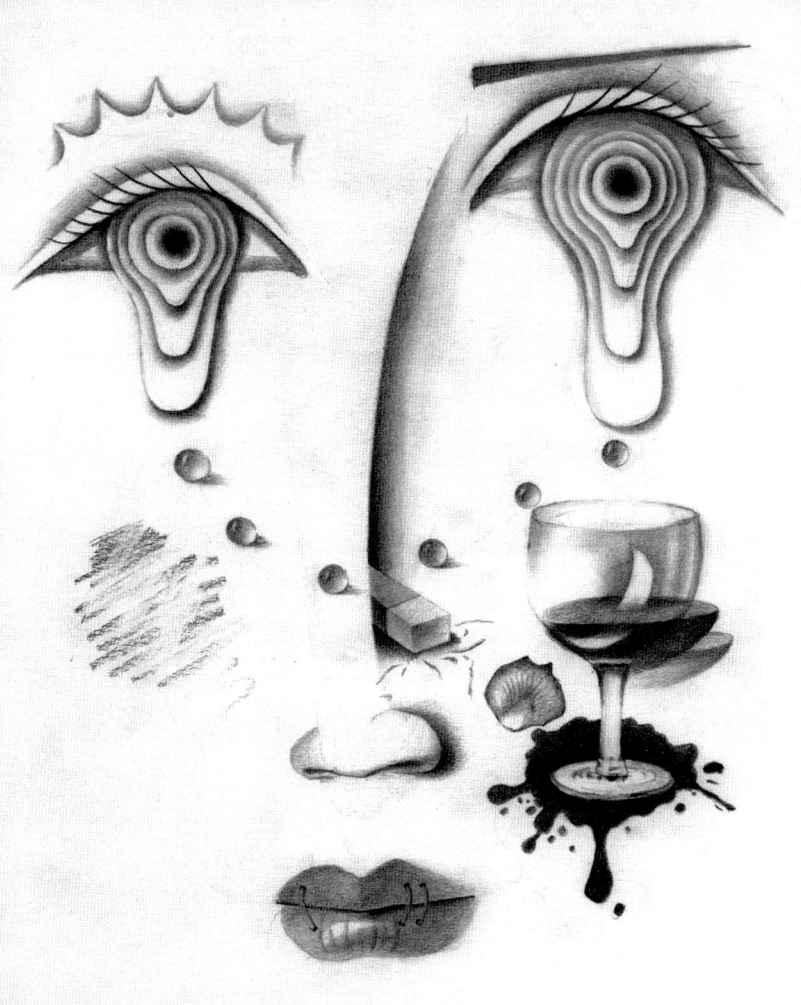

연인

새 한 마리 날아오른다
너라는 이름 하나를 심장에 적어 놓았다

바람이 뒤에서 불고 있을 때
나는 앞만 보고 걸었다

나란히 걸었던 너를 놓치고서야
나를 놓쳤다는 사실을 알았다

나무 밑에서도 가지 위에서도
작아진 나의 가슴에 바람이 불고 있다는 걸

심장이 아무 일도 없던 것처럼
시치미를 떼고 있었지만

나는 너에게로 가서
너에게로 있는 나를 확인해주고 싶었다

사막을 이해한다는

사랑이 떠난 자리에선 바람이 와서
모여 산다는

그런

밀항

무사할 수 있다면
헤어진 사람의 시간에게 가서
얼굴을 묻고 울고 싶었다

터널을 통과할 때는
발보다 먼저 머리가 레일 위를 달린다

탈옥을 모의했던 동안
더욱 철저한 혼자가 되어갔다

목젖에 걸려있는 그 동안의 누군가를 토해내고
숨을 죽인다

가장 죄 많은 꽃잎 하나를 주워들고
다음 역을 완벽하게 빠져나가고 싶었다

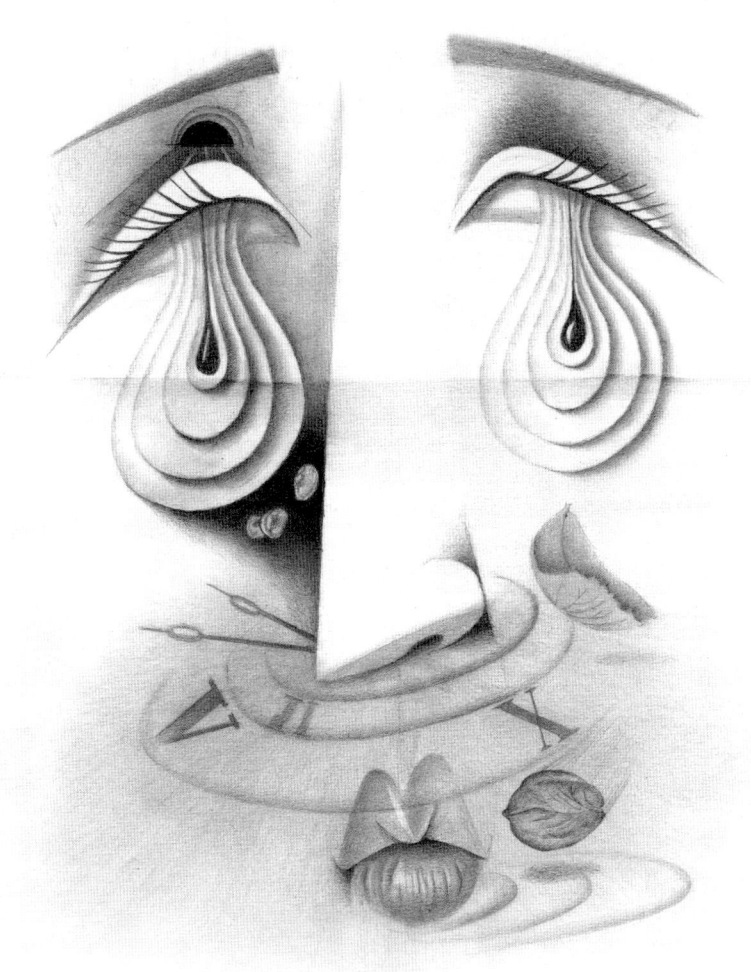

시간 밖의 시간

닫혀있던 자리에서 들려오는 소리가 있어
나는 나의 폐허였다

부스러진 나뭇잎에는 녹색의 뒷모습이 남아 있다
떠나간 손이 쥐어 준 흔적

돌아가야만 기다릴 수 있다는
조용한 타협

가까이 있던 것들은 점점 멀어지고
나의 간절함은
나의 절실이기도 하였는데

언젠가 반드시
나는 나에게
아름다운 부고를 내고 싶었다

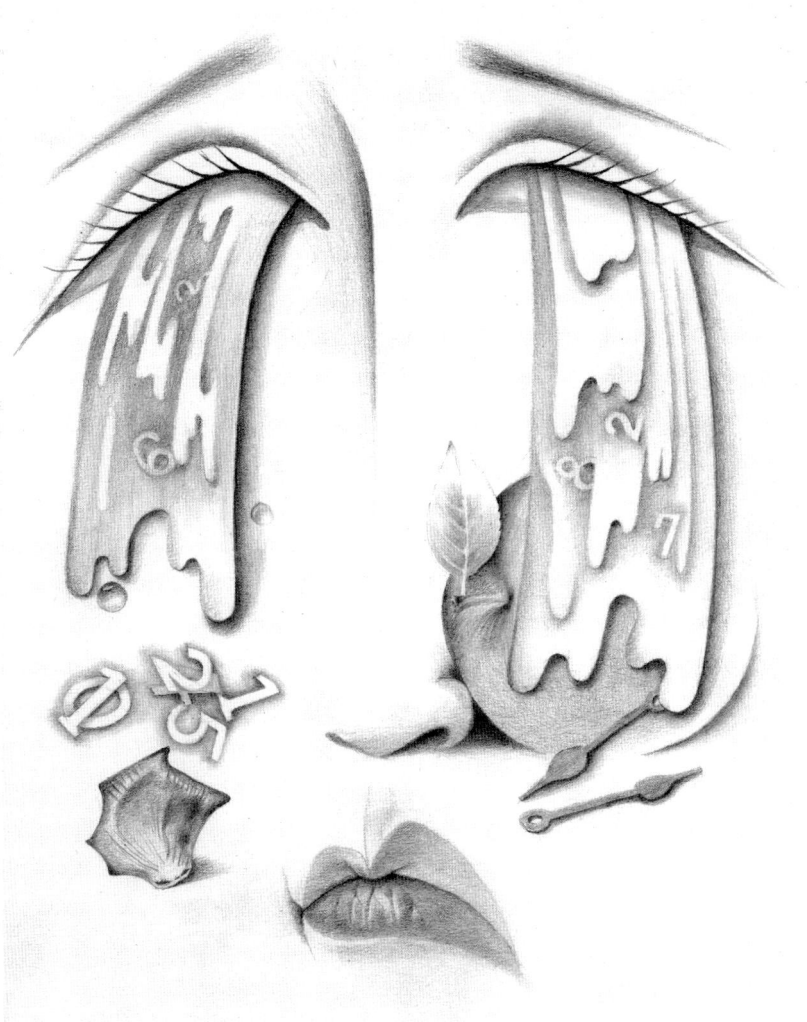

만나러 갑니다

두 갈래길에서 서성였던 당신
그쪽은 이쪽보다 거친 길이었습니다
짐작만으로 찾아가야 하는 길입니다

지금 만나러 갑니다

나만이 간직한 앨범을 펼칠 수 있는 곳
당신이 선택한 유일한 길이었습니다

나중에 전하렵니다

주위의 사슬에 매이지 않으렵니다

살얼음 때문에 깨진 무릎을 수술하고
무통 주사를 맞으며 누워있던 마음을
간직하지 못했습니다

몸속에 배회하는 그리움의 정체와
통증의 비밀은 나중에 들려주려고 합니다

벽난로에서 타오르던 장작의 몸짓으로
환해지려고 합니다

그러나
당신은 누구입니까

통증을 한 손에 모아
전하려는 마음으로 이렇게 떨고 있는 모습은
또 누구의 마음입니까

덜컥이라는 발음

젖어 드는 기억 속으로
수줍은 듯 들어섰다

악수를 청하는 손이
사르르 떨려왔지

찻잔이 흔들리고
어울리는 웃음을
놓치고 싶지 않아

마음을
향 짙은 에스프레소 잔에
희석시켜 보려다가

덜컥
목이 메이고 말았지

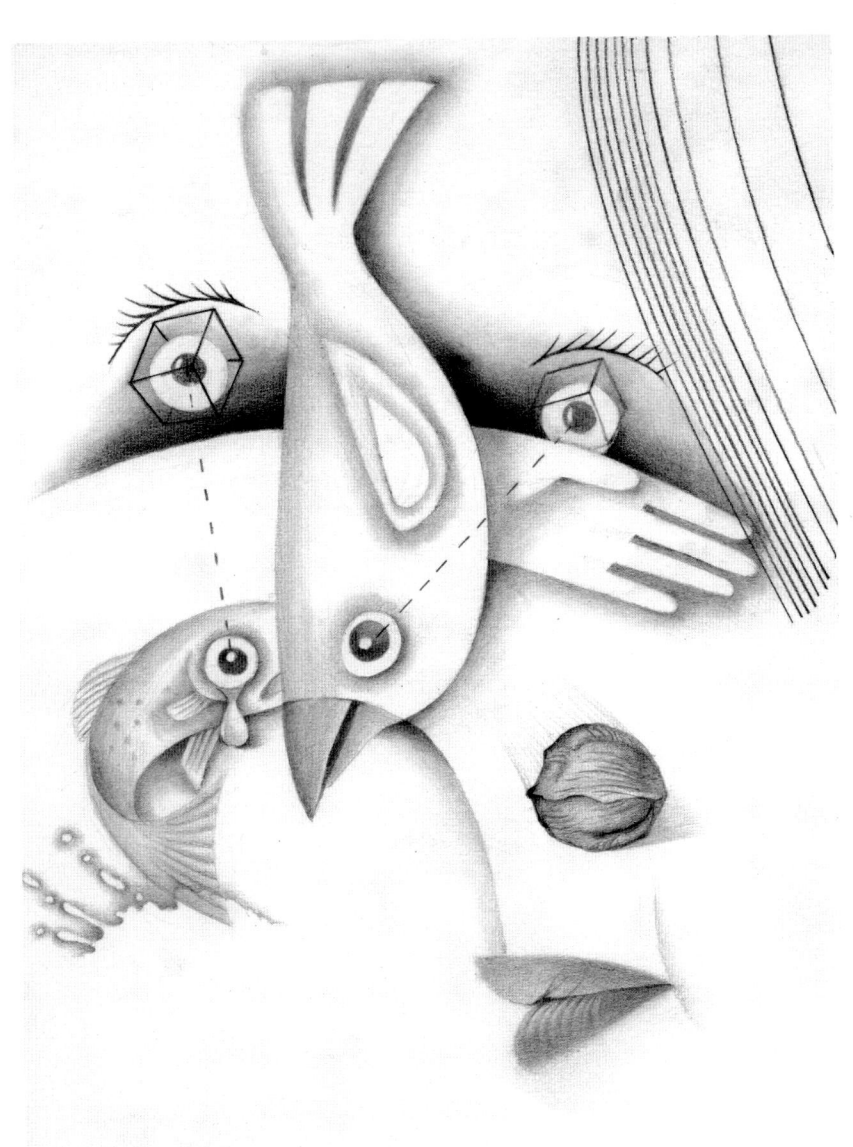

당신과 헤어지다

  냉장고 한 칸의 얼음을 심장에 채운다 흐트러지는 수평 무게를 달 수 없는 저울의 바늘끝이
  흔들린다 절벽 끝에서 멈춰 선 발길, 한 번 더 지불해야만 할

  당신이라는 이름의 잔고殘高

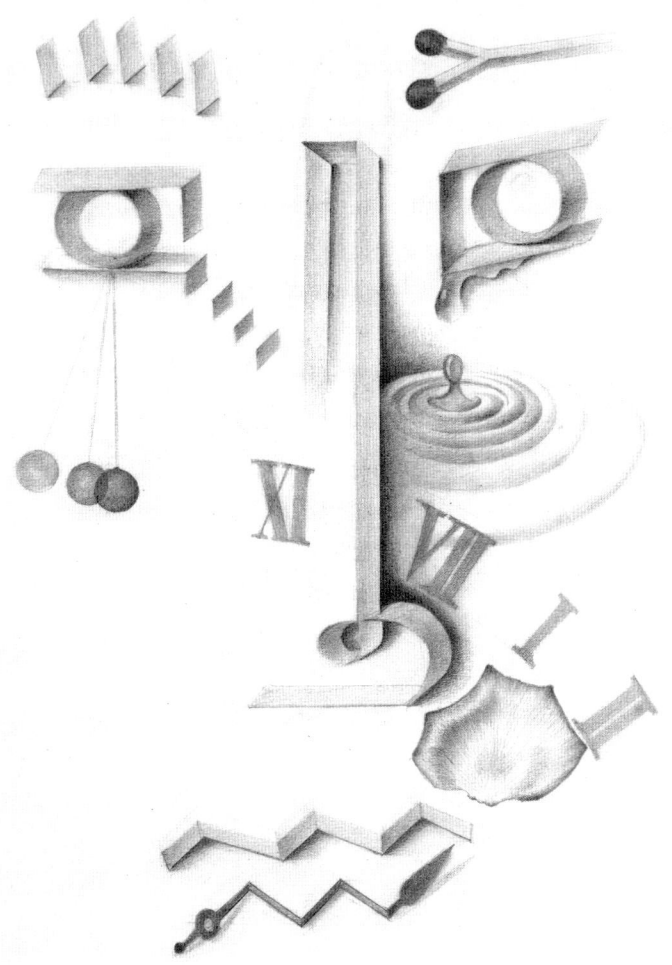

바람이 전하는 노래

멀리 있는 것들을 사랑하기 시작했다

강물이
울음소리만으로 물결을 일렁이게 만들고

풀들을 눕혔다가 일으키던 그는
휘핑크림 번진 구름의 뒤에서
흔들리는 목소리를 멀리서 보내왔다

먼지들이 가라앉는 시간

지금보다 보다 더 적당하고 알맞은 일 하나가
방금
지나간 것처럼 여겨졌다

코스모스

땡볕에 마른 흙이 부풀어 오른다
우주가 속삭인다

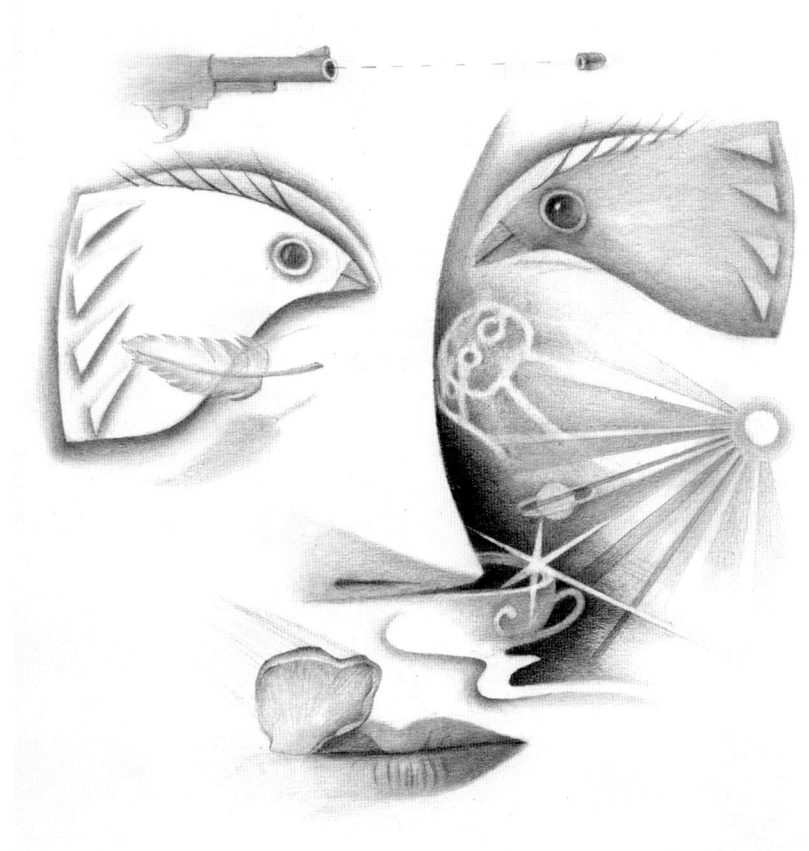

꽃봉지

길게 드리워져 있던 끈의 끝을 잡아본다

진눈깨비가 하얗게 내렸고
창문을 몇 번이나 열었다가 닫아 놓았다

안에서 가시지 않은 이름 하나를 떠올렸는데
막다른 골목길에서 바람부는 소리가 들려 왔다

눈물이 떨어진 줄 꽃이 먼저 알았다[*]

너무 먼 데다 봉해 놓아서
꺼내기 힘든 곳에 놓아두어서

*한용운의 시 「꽃이 먼저 알아」에서 인용.

가끔은 누가 와서 깨우는 아침

겨우내 녹지 않았습니다
속절없다는 말 이기려고

강물은
흘러갑니다

이기利己의 그늘

나만이라는 생각으로 나에게만 기울이고 있었는데
나 아닌 다른 것들도 나와 같은 생각이었을까

나의 행위가 너의 슬픔이었다는 걸 알고 난 뒤에도
나의 아픔을 새기느라 너의 상처를 돌아보지 못했다

나의 슬픔을 누르느라
너의 눈물을 바라보지 못했다

나는 너의 문이었고 너는 나의 방이었다고
말하지 않았다

하늘이 한지처럼 물들어가는 석양에
석별의 자리를 헤아려 본다

새가 되고 물이 되고 바람이 되고
한 마리 연어가 되어 돌아와서야
사랑이라는 이름의 이기심에 대하여 알 수 있었다

나의 뺨과 머릿결을 쓰다듬었던 나만의 손길로

너를 위해 풀을 뽑고 물을 길어야 한다면

이겨내야 할
이기利己의 그늘이 머리맡에 모여 있었다

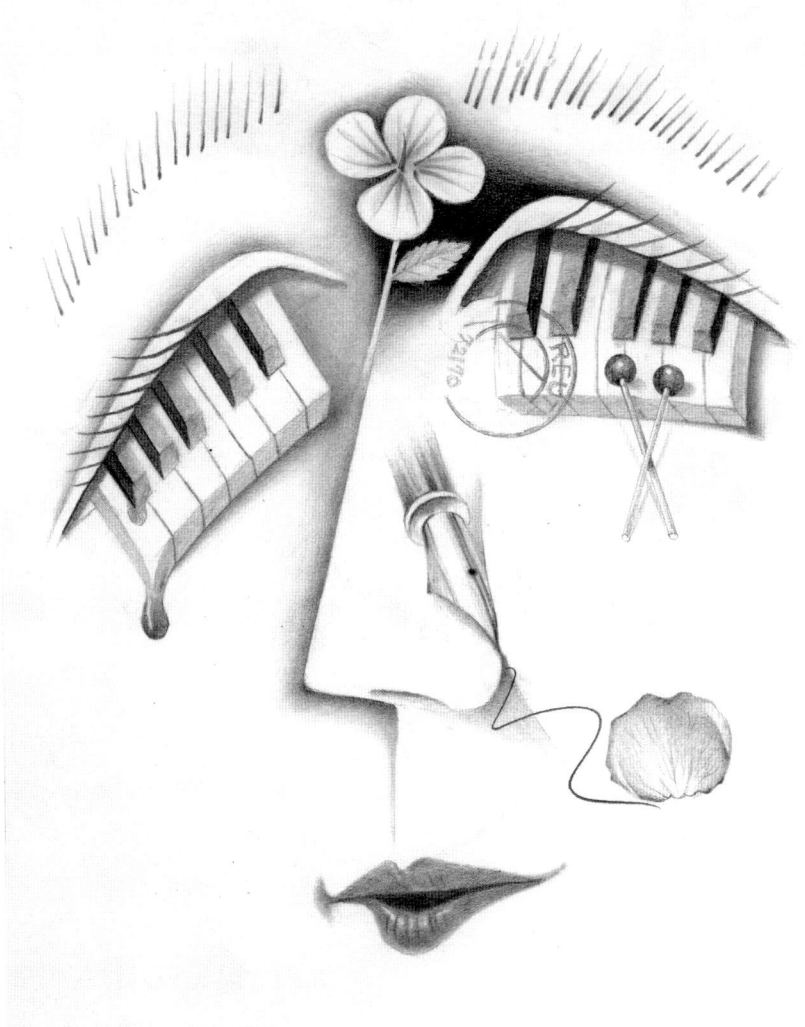

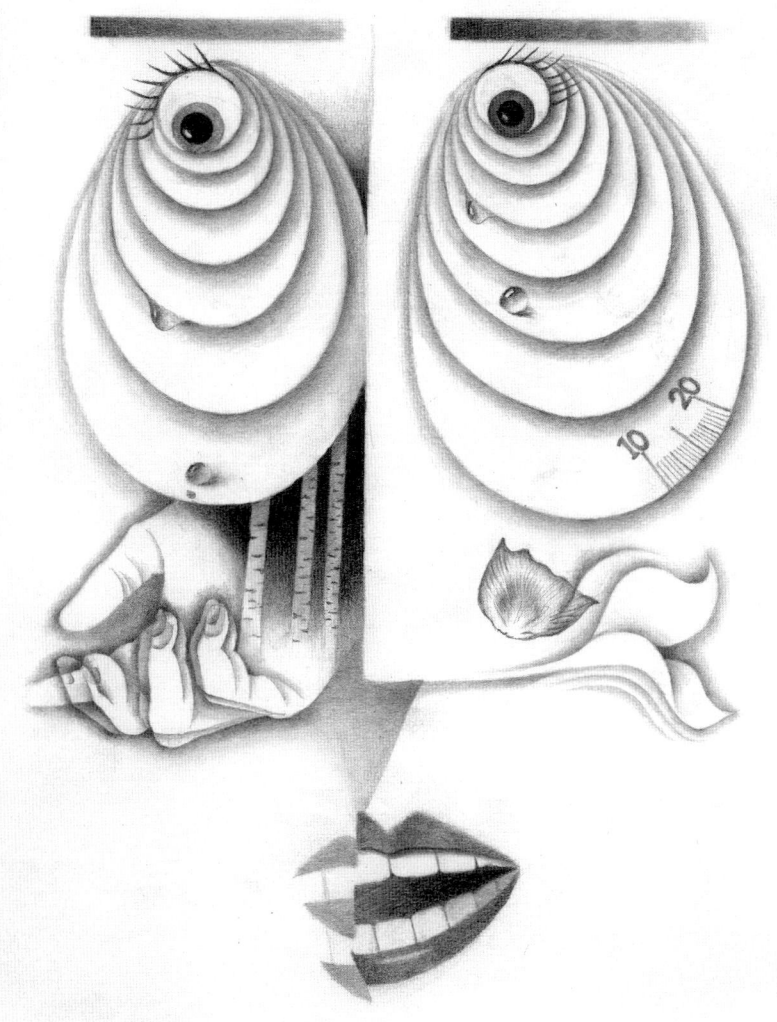

페루의 끝

내 유랑의 근심 너머에서
성스럽고 치명적인 우주가 손짓한다
낙원이 깨지고 지옥이 멀지 않은 날

나의 성장은 문장의 미궁 안으로 자취를 감출 것이다

프랑스식 서재 모퉁이에서 잊혀져 가고 있는
나의 도톰한 가슴을 차지했던
곱슬머리 사내의 앨범을 먼지를 닦아 세워 놓았다

로맹가리의
새들은 페루에 가서 죽다를 발견한다

세계의 끝, 외딴 바닷가에서 조용히 죽겠다는
외로운 사내의 날개가 떠오른다

풍경은 대부분 밖에 있다
햇빛에 반짝이는
잘 구워진 크루아상

커피잔에서 흘러나오는

코끝을 간지럽히는 이 향기의 미지는
사소한 순간으로부터
최대한 도착하였다

B Flat

제2부

조용한 일

흙탕물처럼
길가 담벼락 아래이거나
마당의 구석진 곳에서

휘발한,

소문처럼
완성된 블랙홀

시간의 옷자락이
혹독한 소독약의 흔적처럼 풍화하는

돌아갈 가능성이 모두 닫힌 자리에

해가 지고 달이 지나가거나
지워져 가는

너무 아름다운 집터

바다와 고요한 섬이
구름과 별이

오래된
이별의 시간이 와서 받아 적은 주소住所로
확인되고 있다

먼 데를 지나온 시간의 걸음이
느릅나무 이파리가 흔들리는
묘지에 닿자

내게는 너무 아름다운 슬픔이
둥근 지붕으로 완성되어 있었다

길들여지지 않는 일

저무는 들녘에서 해를 보았다
진다는 것과 뜬다는 것의 경계가
잘 구별되지 않았던 그때가
절정이었음을 알았더라면

기쁨은 슬픔의 시작이고
그늘의 끝은 밝음으로 이어진다는 것을
만날 수 있었더라면

그림자 앞을 걸을 때는
뒤를 돌아보지 않았다
햇빛만 보고 걸었으니까

아픔도 침묵으로 표현되고
문보다는 벽을 선택했을 때
나는 자유로웠다

미셸 투르니에의 묘비명이 생각났다
"내 그대를 찬양했더니
그대는 그보다 백 배나 많은 것을
내게 갚아 주었도다
고맙다 나의 인생이여"

동화의 길

1.
명작동화를 읽었던, 오로라에 빠져들었던 시절

숲의 새들이 귓가를 지나가고
우체통이 있던 오솔길을 따라
살구나무가 열매를 툭 떨구던, 페이지를 넘기는 손이 흔들렸던

순정의 동화를 잊기 어렵다

2.
촉촉했던 마당의 흙은 어디서 찾을 수 있을까
배고픔을 달래주던 햇살은 어디를 비추고 있을까

세상은 좁고 허기졌으나
거칠면서도 비옥했고
경험이 미숙한 이국에서의 날도 있었다

열차 안으로 들어오는
한낮의 햇살이 이마를 찡그리게 하였다

소등을 시작하는

새벽 교차로 안으로 열차는 들어선다
낮은 바람을 떨구어 내며
황장목의 누런 창자 같이 철로는 길게 멀어져 간다

들판을 건너온 너에게로 바람이 든다

창백한 아침이 오고 거리의 꽃잎들이 붉어져 간다
내 몸속에 들어온 너의 몸이 물푸레나무 가지를
흔들기 시작하면

푸른 열차의 긴 꼬리를 타고
내가 지나온 동화의 길이 어디론가 떠나간다

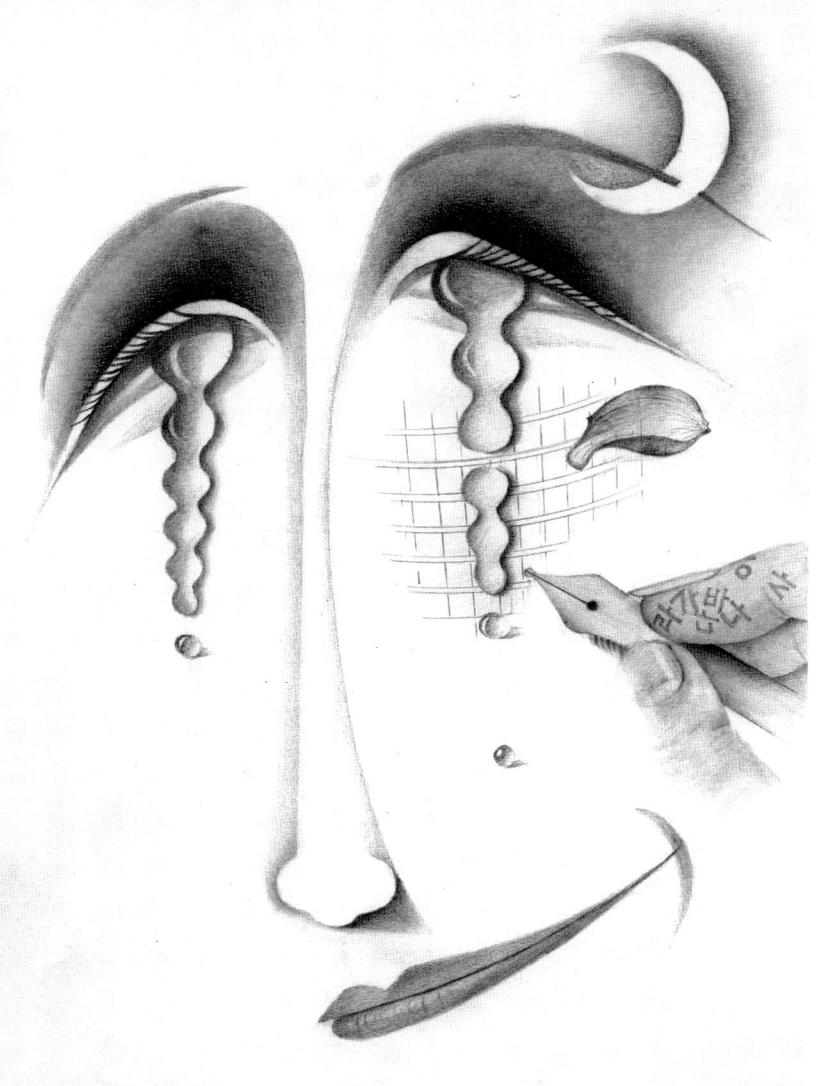

실로폰 소리가 듣고 싶은 날

들꽃우체국 소인이 찍힌
편지를 보내고 싶은
마음이 들었습니다

서랍 속 오래된 만년필 촉이
뭉그러졌는데도
잉크병은 아직 바닥을 비우지 않았습니다

한밤중에는
지나가는 작은 소리도 잘 들려옵니다

마음이 걸어가는 발자국 소리를
듣습니다

묵은 감정이 선명해져 오는 것은
멀리서 낯선 존재로 살아온
만년필과 잉크병 같은 이유인지도 모릅니다

펜 뚜껑을 천천히 열어 봅니다

글씨 속에 흔들리는 내가

보이는지요

너무 먼데서
우리는 하루를 살았습니다

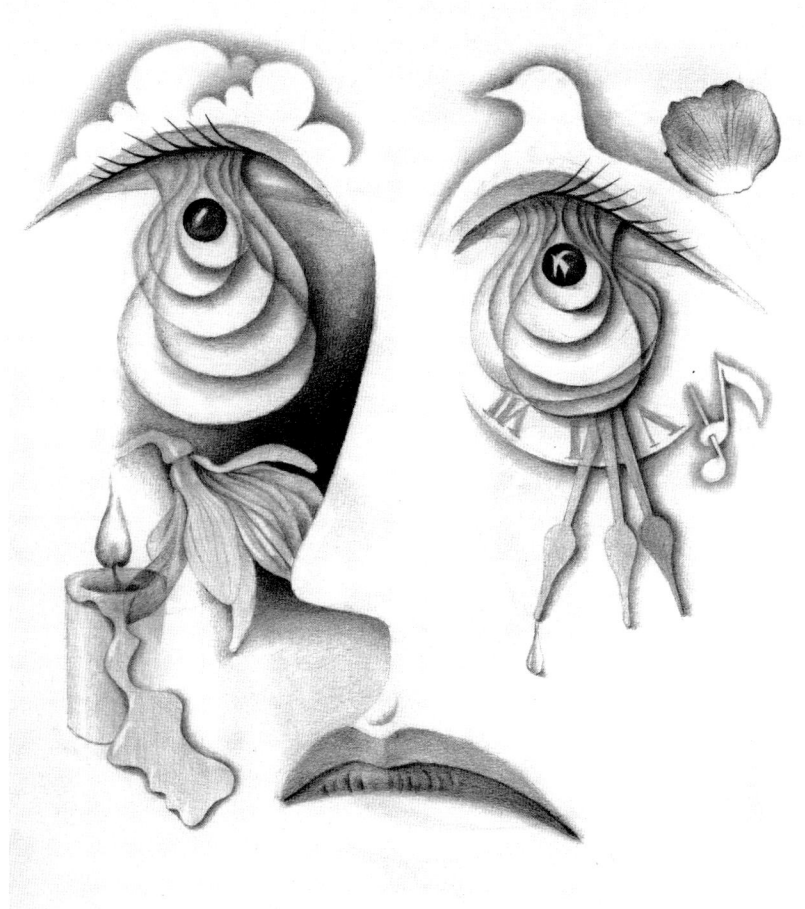

먼 곳

만나러 가는 길은
멀고 아득하여라

기다리다 지칠지도 모르는
기다란 모습으로

오후의 나무들이
서로를 위로하며 서 있는데

차창 밖으로
바랜 흑백사진 몇 순간이 흘러가는데

이팝나무 아래가
가장 환했던 자리에서

내 소녀小女가 왔던
기억이 있다

독백의 날들

1.
무슨 일인지 솔밭 속에서
새 한 마리 날아오른다

그 날이 생각났다
누군가의 안부를 들여다보는 저녁

숨을 내쉴 때마다
목이 막힐 것 같은 감정을 쓸어내리다가

스물다섯 시간을 혼자 울었다
굳게 쥔 주먹을 꺼내 놓았다

목련이 지는 날이었다

2.
그레고리오 성가가 울리는 오후
어디선가 솔가지가 흔들리는 소리가 들려온다
가난하고 착한 사람들이 사는 마을이
가까운 곳에 있다

풀잎들이 손을 내밀어
무거운 짐을 내려놓고 싶다는 말을 건넨다

3.
문밖에서 서성이는 저 그림자의 주인은 누구일까
거울 속의 내가 슬퍼 보였다

당신을 떠나보내고 돌아온 저녁이
다른 세상에서의 일처럼 조용히 흔들리고
그곳에 두고 왔던 장갑과 손수건
머리핀처럼 작은 것들은
나중에 모두 다 시詩가 되었다

카페의 모퉁이를 도는데

엔젤라 휴잇의 파르티타
사그라들 듯 피어나는 피아노 선율
히아신스가 걸어올 것 같은 날이다

더치향 깊은 커피잔과 함께
나무의자는 젊은 연인을 가슴에 품고 앉아있다

붉은 해가 넘어가기 직전인
숨 막히게 환한 순간

카페의 모퉁이를 도는데

금빛 썰물로 채워진 바다의 저편에 서 있는
누군가의 실루엣이
희미했던 기억이 있다

카페의 모퉁이를 돌아
히아신스가 걸어올 것만 같은
그런 날에

손수건을 빨며

엄마에게 야단맞고 이불 속에 누워
눈만 내놓고 있었을 때

조용히 방에 들어와 비스킷 한 봉지를
건네주고 돌아서는

아버지의 커다란 손이 생각났다

구절초

무슨 일이 있었느냐고 묻지 않았죠

훗날 들려주겠다는 지키지 못할 약속에도

귀 기울여 주었던

어머니는 지금도

그 자리에 피어서 흔들리고 있어요

푸른 방

파랗게 멍들어 보이던 방
해도 달도 별도 꺼진 방
가장 시퍼렇던 기억 속의 방

엄마의 방

빈 들에서

들녘의 배경에서 눈이 내립니다

수국 색 옷고름으로 입을 가리고
웃는 모습으로 찍힌
낡은 사진 한 장

하늘로 돌아가 버린
새들이
소리 없이 날아갑니다

귀천의 사내

기쁘게 울어 주고 싶은
문턱 안에서
오래된 웃음으로 구부리고 앉아
아내를 기다릴 것 같은
사내 아래에서
뜨거운 대추차를 마셔본다
겨울의 정오를 흘려보내는 마음이
가라앉는다
두꺼워지지 않아도 될 살갗이
나이만큼이나 무거워진 감정이
막걸리에 저당 잡힌
소풍의 사내 곁에서 휘발揮發한다
돌아갈 하늘을
해맑은 웃음으로 일러주고 있는
저 액자 속의 사내에게로
짧은 펜으로 작은 이야기를 새겨
번지 없는 주소를 적어본다
누구나
하늘로 돌아갈 일만 남은 거 같은
소풍 나온 사람들이

귀천의 사내를 올려다본다

빨간 우체통이 보이지 않는다

위험한 외출

　유리구두를 찾으러 발을 디딘 몸짓 왈츠곡의 음색에 도취되었지 시계는 째깍소리를 내며 가고 있었지만 심장이 바삐 뛰었지 오오. 카레닌* 이제 신발을 신을 때가 되었어

　기차가 역 안으로 진입하고 사랑에 빠진 머리카락은 날려 붉은 립스틱의 입술 위에 흘러내렸지 커튼 사이로 부서지는 바람이 허공을 가르며 날아왔어

　화려했던 유혹이 영혼을 삼키려 했지 원색의 상념으로 걸어다녔던 미로 검은 눈동자에 회색의 빛이 어려오는 동안이 지났으므로 이제 너의 아가雅歌에게로 가서 부드러운 입맞춤을 하는 거야

　너무 많이 집을 나선 카레닌들
　거리의 끝에 있는 역에서 돌아가는 기차에 올라타는 거야

　* 톨스토이의 안나 카레니나.

당신의 색깔로 옮겨 가다

오후의 빛 소리가 길 위에 떨어진다
프리즘의 찰나를 놓치지 않는다
나를 붙들고 싶을 땐 나를 둘러싸고 있는
낯선 유전자를 찾아 유랑을 모의한다
은밀히 숨어서 보던 소설책의 순간들은
하얀 눈이 덮힌 산처럼 인간적이다
고흐가 쓴 영혼의 편지 안에는
창백한 보라색
버터 같은 노란색
라임의 녹색 같은 세밀한 색깔이
거부하지 못할 매혹으로 숨겨져 있다
내 안을 배회하는 오래된 몸의 색은
아프고 나서야 푸른 새벽마냥 진화한다
다시 가보고 싶었던 차고 건조한 사막

서로에 대해 아무런 의심도 갖지 않는 사이가 있다
높은 곳을 오를 땐 심장의 빛깔이 궁금해진다
박동수도 세어봐야 한다
원하는 숫자가 보일 때까지
변하지 않는 건 길들어지지 않는 색깔이다

딥 블루
그 깊고 날카로운 곳에 나를 밀어 넣고 조용히 기다린다

지금도 나는 진행 중이다

B Flat

제3부

입학식

개굴개굴

올챙이가 완성되었다
웅덩이 속에서 허우적대다
앞다리 뒷다리가 쏘옥쏘옥
꼬리가 줄어들고
울음소리를 내는 개구리들이
물 밖으로 기어 올라오기 시작하였다

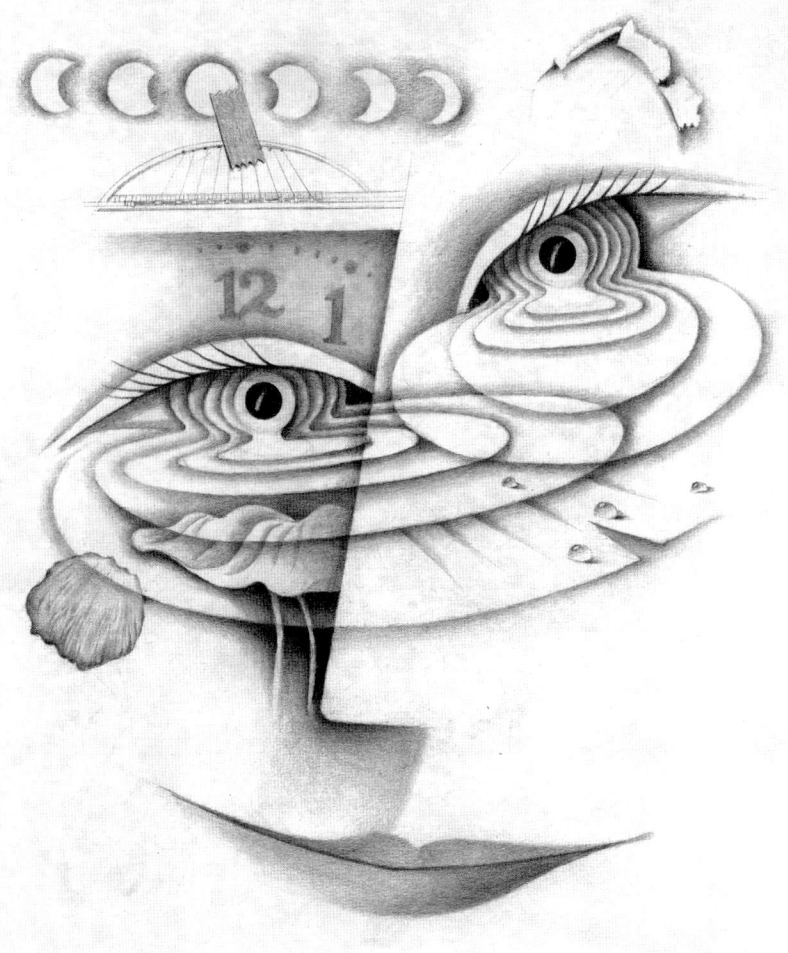

시간이 주고 간 시詩

미루나무 가지로는
성냥개비를 만든다고
무심하게 일러주던
오솔길에서와 같은

그런
시간의 언어로는 말할 수 없는
매운 그리움

그때부터
길고 가느다란 것들이
나는 좋았다

엷은 호수

나무에게로 가고 싶다는 생각이
나무가 가까워지는 곳에서
뒤따라오는
물그림자를 만들었다

호수는 호수가 의심스러워질 때가 있었고
해석되지 않는 대부분의 호수는
호수 속으로 빠져 들었다

망했다고 입버릇처럼 말했던
어느 입버릇의 바닥에서
뒤꿈치가 갈라졌던 기억이 되살아났다

후회의 문장과 싸우는 날이 오면
불투명한 산정에서 백기를 등에 진
낙타들이 흘러들어
엷은 호수를 완성하는 중이었고

전화벨 소리에 놀라 깨어난 풀잎 한 장은
호숫가를 배회하다가

바람결 속으로
머리카락을 날리는 엷은 잠에 빠지곤 하였다

뜯지 않은 봉투 한 장을 물속에 던져 넣었던
그런 일에서부터 따라왔을지 모른다

호수가 가까워지는 곳에 와서
호수 안이 더욱 궁금해지는
익숙함 속으로 가까워지기 시작하였다

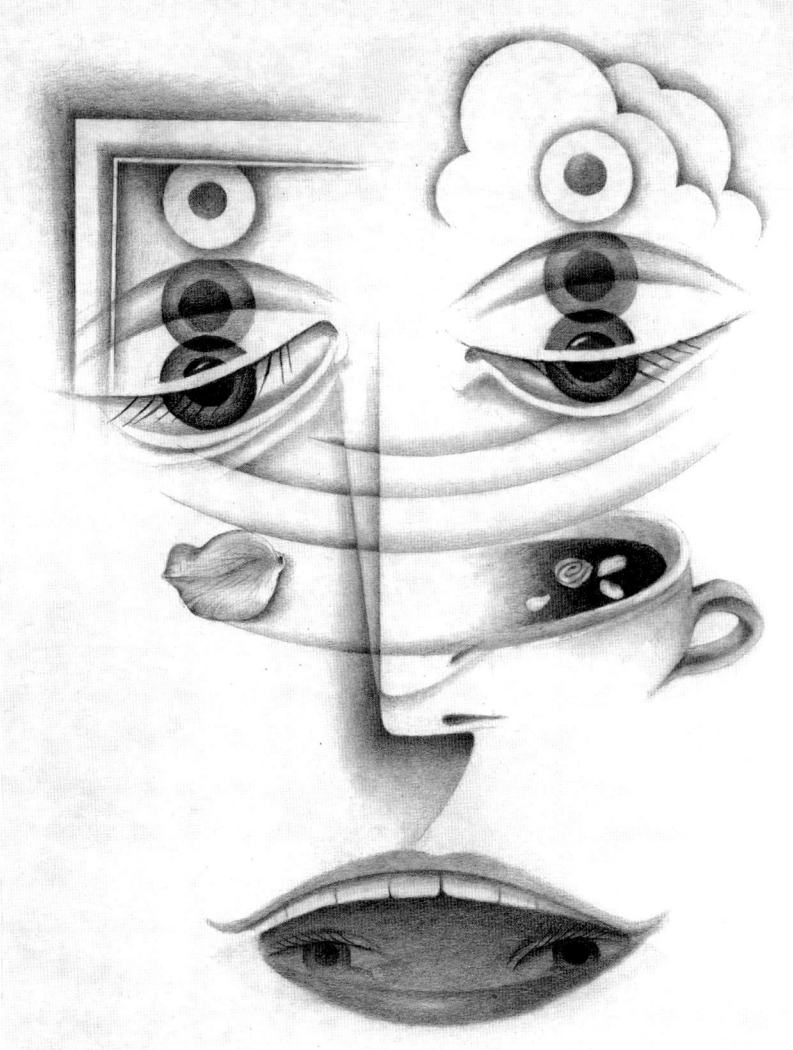

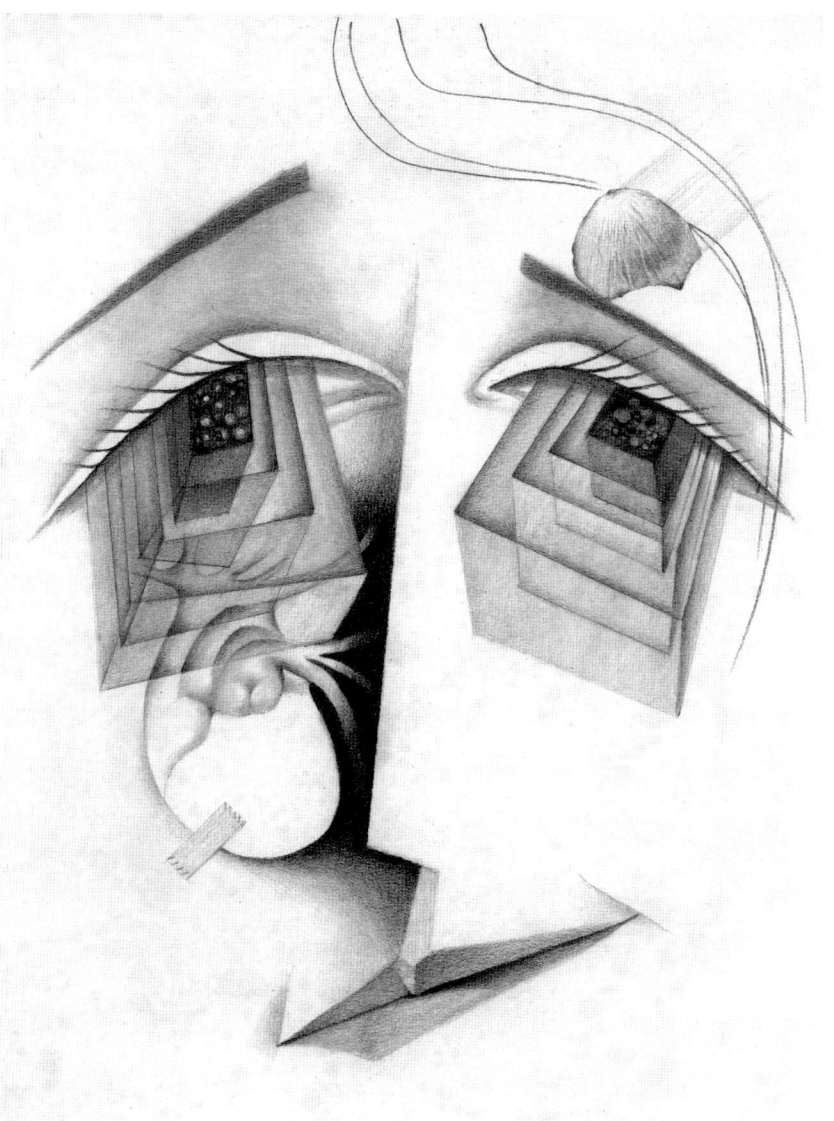

갈 수 없는 나라

1.
계곡에 놀러 가자는 말을 처음 들려주었던 날
지유는 고개를 설레설레 흔든다

휩쓸리잖아

다섯 살 아이는 어디에서 이런 말을 마주쳤을까?

2.
선인장은 가시가 있고
다육이는 가시가 없다고 알려 주었더니

장미는 왜 가시가 있느냐고 묻는다

장미에게 물어서 들려주겠다고 하였더니
장미가 너무 예뻐서 그럴 거라고,

지유도 너무 예뻐서 떼를 잘 쓴다고 한다.

3.
저녁에는 목욕해야지

왜요? 할머니

낮에 땀 흘리고 놀았으니까

그럼, 아침에는 왜 목욕 안 해요
밤엔 그냥 잠만 잤잖아
어젯밤 꿈에 놀이터에서 신나게 놀았는데요

4.
바람이 머리카락을 날려서 외로워져요, 할머니
외로운 게 뭔데

응, 그냥 싫은 거잖아요
지유는 꽃이 피는 봄이 좋아요

5.
할아버지 성묘 가자는 제 엄마의 말에
할아버진 무덤에 계서요?

지유가 엄마 뱃속에 있을 때 할아버지가 돌아가셨어
그래서 못 만나니까 사진을 보면서 우는 거구나

할아버지 정말 미안해요
지유가 너무 늦게 와서 못 만났잖아요

6.
어린이집에 가기 싫어요
왜? 지유야
거기 있으면 어른을 너무 늦게 만나잖아요

_다섯 살, 신비로운 저 우주의 방에
어른이라는 이름표를 가슴에 매단 나는
다시는 그곳으로 돌아갈 수 없을 것 같았다

톨스토이의 들판

가장 먼저 만들어진 숲은
새벽빛에 깨어난
하얀 수피의 자작나무 색일 거라는
잊을 수 없는 백화의 순간

너의 키가 몇 센티인지
몸무게가 어느 정도인지 모른다
하지만 눈빛과 손가락 놀림
숨소리와 발걸음 뒷모습까지 기억한다

사방이 바람에 흔들리며 소리를 낸다
가녀린 것들은 쉬운 듯 지나갔지만

가장 늦게까지 뒤에 남아
백 년쯤
겨운 눈물을 흘리고 싶은 것이다

그때 나는 깊어져 있는 너의 순간을 본다
어둠 속에서 더 환하게 빛나는

이제
다시 외로워질 시간이다

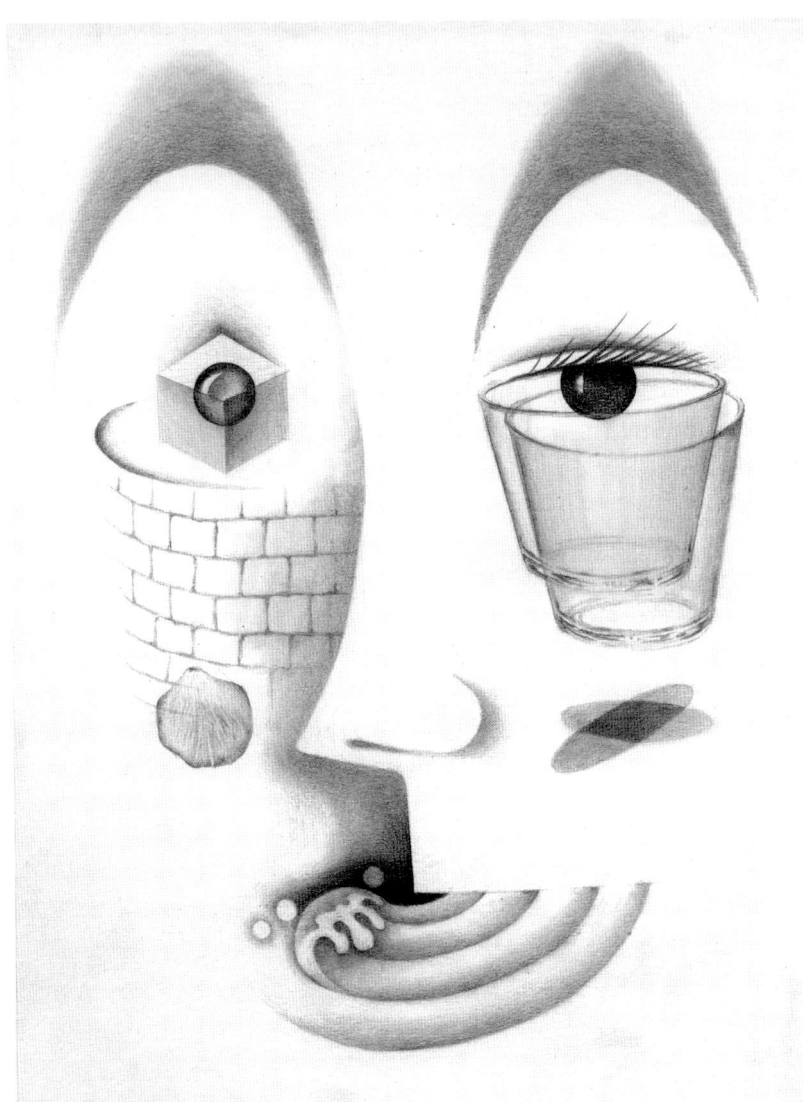

눈부시지도 어둡지도 않은

환상에 가까운 상상을 한다

유일한 유혹의 노크다

잃어버린 모든 것들이 이곳으로 모이고

가만히 기다리면 너는 반드시 돌아온다

거친 바다와 황량한 들판도 이곳으로 온다

작은 것들이 자라서 어른이 되고

어른이 된다는 것은

자제력을 모으는 일과 같았다

돌아가야 할 곳을 향해

다시 출발해야 하는 날이 언젠가 온다

결코 눈부시지도 어둡지도 않은

모서리가 없는 경계의 자리에서

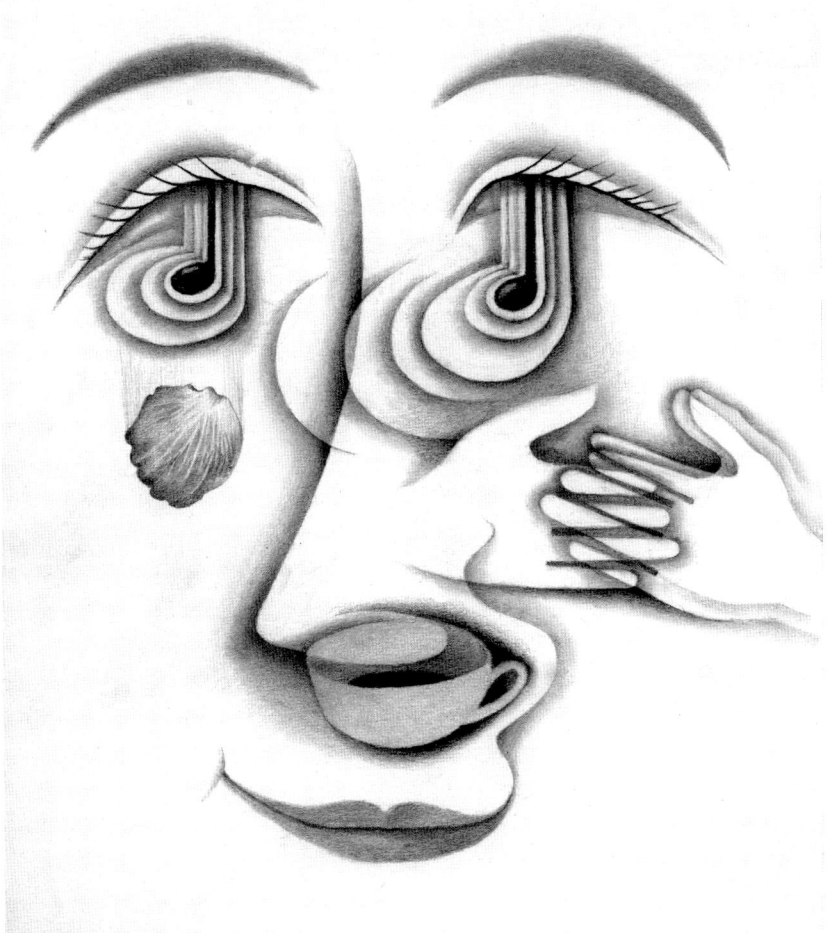

쓸쓸해서 고맙다

코발트빛 저녁 하늘에
초승달이 맑다

살빛이 되어 스며드는 감각
지친 걸음 끝에서
계절이 익어갈 때면
손끝이 잠시 서늘해졌다

그러다가
헤아릴 수 없이
쓸쓸해지면

쓸쓸해서 고마웠던
초승달 같은
당신을 향해

아름다운 시 한 편 쓰고 싶었다

삼나무숲을 바라보는 동안

소리가 바람을 타고 날아왔어

가시에 걸린 음색으로

건너편 삼나무숲을 바라보는

망초꽃의 시간은

흰 그림자를 길게 늘이고

열심히 한 곳을 들여다보고 있지만

내가 안 보이는 거울 안에서

거울 뒤에서 울리는 소리만 들려와

빈 그네처럼 흔들리고 있었어

삼나무숲을 바라보는 동안

어쩌면 먼 곳의 편지가 도착하고

한 번도 꿈꾸지 않았던

황금빛 수레바퀴가 가까워져 오던 날도 있었어

삼나무숲을 바라보았던 동안

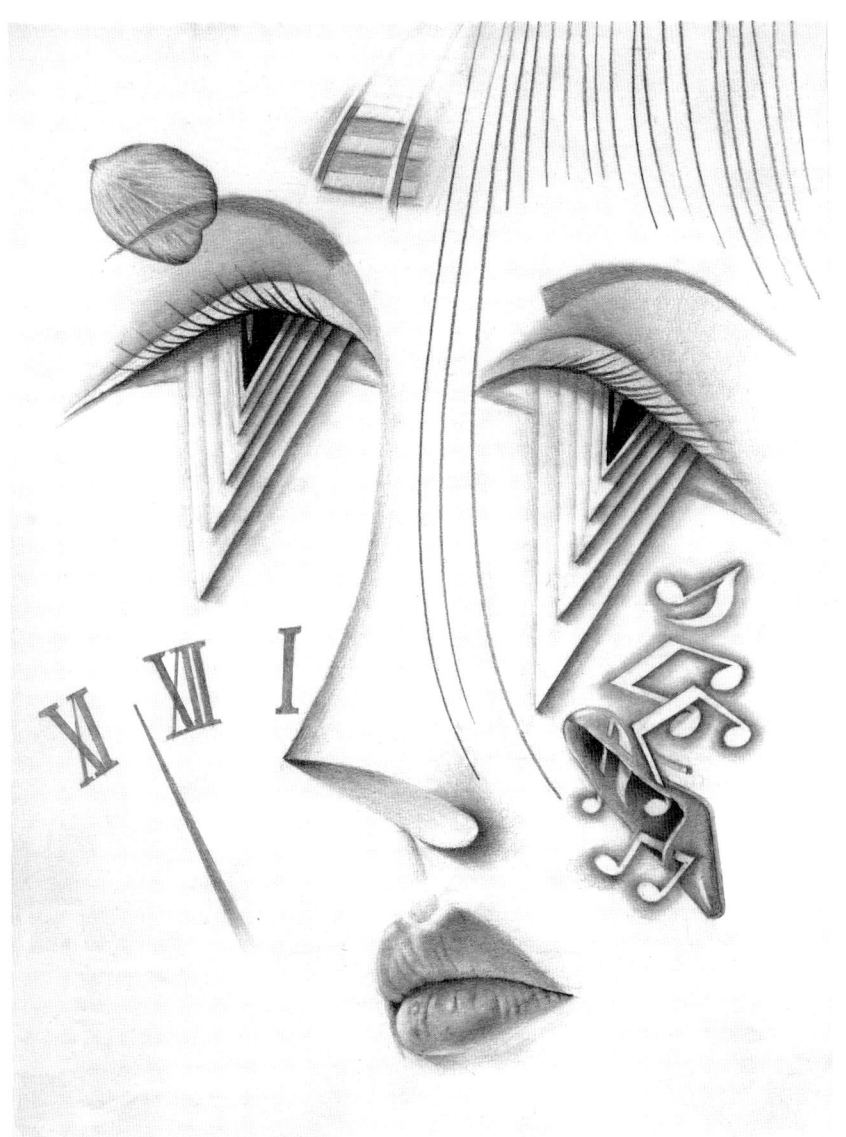

야간 주행

신호가 바뀌었는데
아무 소리도 내지 않았어
나도 울고 싶어졌어

저녁나절이면 찾아드는 몸살을 견뎌야 하는 구간에서는
쓴 약을 죽음처럼 삼키듯
미리 마련된 원형의 경기장을 달렸어
때로는 투우사의 심장을 빌리기도 한 거야
붉은 비명 속 알 수 없었던 어떤 황홀을
남은 길 동안 그려보기도 한 거야

고속으로 주행하다 들켜서 따라온 벌금처럼
차체의 어디쯤이 파열음을 내야만 견딜 수 있었던
긴장감이 식은땀을 흐르게 하면
나의 무죄를 증명이라도 해야 하듯이

차가워진 나에게로 가는 그 겨울의 늪지대를 나서는
조금씩 더 어두운 쪽으로 가까워져 가던
오래된 복도 안의 희미한 기억과 같이

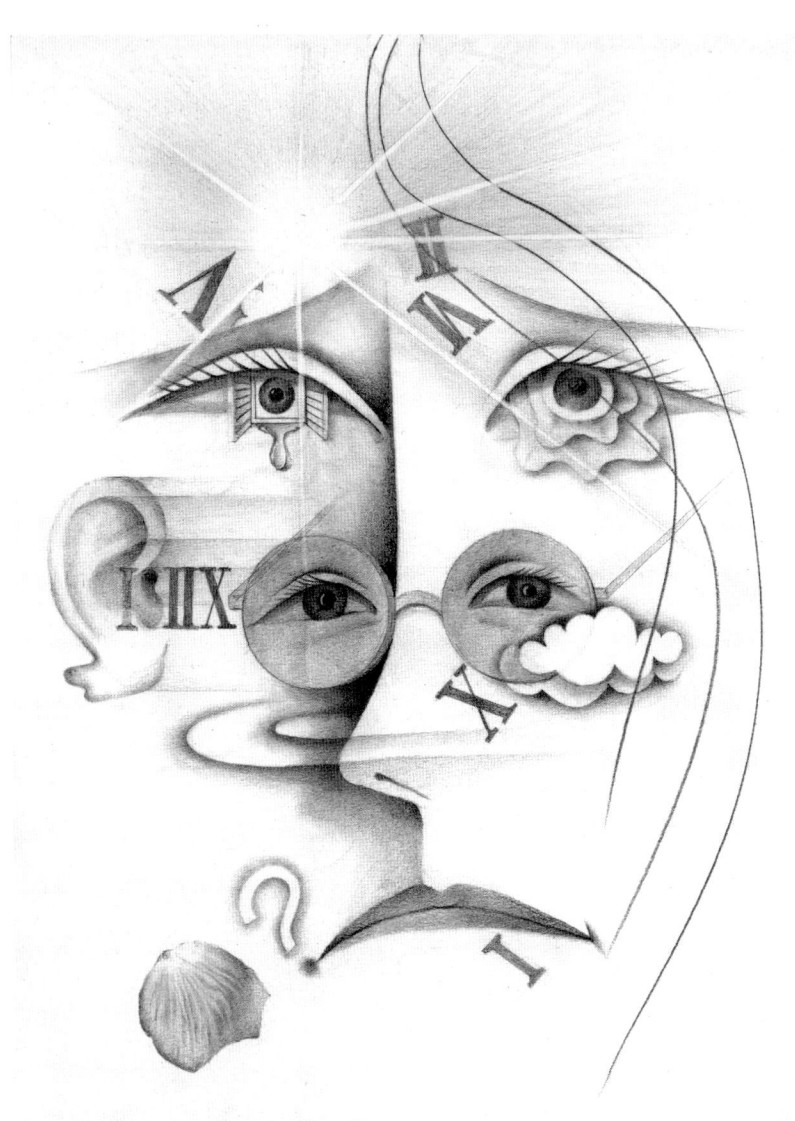

눈이 내리고, 아파트는 변했다

먼데서 달려온
저녁의 눈보라

잎새를 잃어버린 나무들이 은가루를 뒤집어쓰고
능선을 따라 오르고 있다

간절한 적막
그것은 겨울산의 합창 같은데

아파트 입구에 들어서는 아이들의 노래소리

"아파트"
"아파트"

그것은 예전에 내가 들었던 아파트라는
그 노래가 아니다

이사

남양주시 두 강물이 머리를 맞대는 중간쯤
짐칸에 달라붙은 이물질
사소한 바라봄에 불과한, 살아서 지은 몸피의 초라한 흔적이다
황태덕장처럼 줄지어 서 있는 무언들이 벽을 타고 오르며
긴 마취 끝 몽상처럼 기억이 찾아온다

호수 안
연잎 잔해는 긴 싸움의 후미처럼 참혹해졌다
목이 꺾인 자리에서 흙냄새가 올라온다
안개 속으로 몸을 감춘 바람소리는
태양이 저무는 기슭으로 돌아가고 있었다

강을 건너던 날

빵을 굽는 지금
어딘가에서 긁힌 상처를 발견하지 못했던 허술한 시간 안으로
나는 지금 들어서고 있는 중이다

파도가 친다

일순의
새벽이 다색의 하늘을 품는다

보이지 않는 몸짓으로
보이지 않는 산을 오르내린다

바위틈에서
바람이 어제를 말리며 키를 키우며 있었는데
낮은 포복으로
밝은 빛이 들이찬다

붓을 들지 않으면서 글자를 세우고
시를 쓰지 않으면서 해 아래 살고 있으니
자꾸만 눈물이 나와
등을 돌린 외로움이 소리내어 운다

부질없는 바다가 출렁인다
달아날 명분이 없어 엎디어 울면
집채만 한 네가 나를 훔치어 낸다

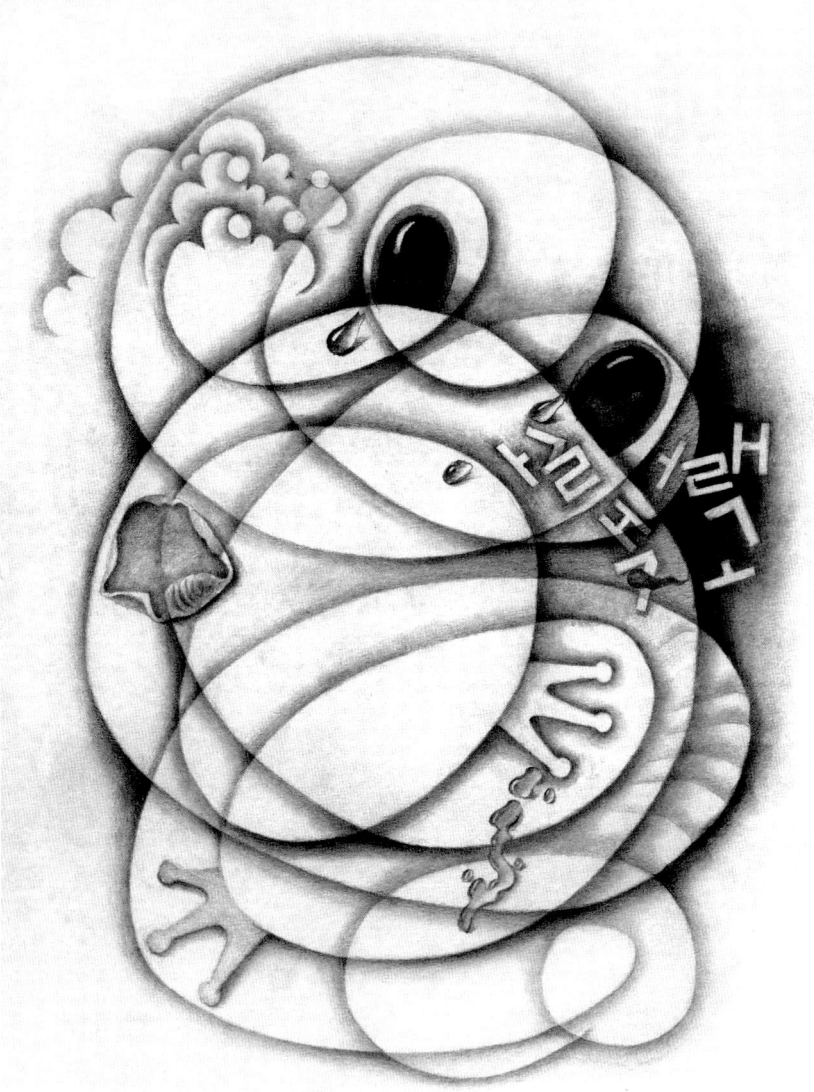

투명한 그림자

벽 앞에 서니
바람에 밀려오는
발꿈치 든
고요가
큐브에 갇혀버린 혼란 속으로
나와 함께 서성이는 그림자는
손에 쥔
투명한 유리의 잔에서
비우지 않아도 보이는
알몸 마냥
기억의
푸석한 자만이
둥근 벽면을
기웃거리다가
넘겨지던 감미로운 우울
한 모금
익숙한 배경의 뒤로
되살아난
뼈아픈 진술은
깊고 푸른
해일 속으로
걸어 들어간다

내게 말을 걸었다

안부를 물었다
오랫동안 섞여 지냈던 낡은 냄새, 낡은 웃음
실오라기 하나 걸치지 않은 채
머물렀던 시간이 귀를 살랑이게 한다

잘 지냈나요?

때론 미치도록 행복하고
때론 숨이 막히도록 외로웠던 날들로
햇살 한 줌을 움켜쥐어 보고 싶어지는 한낮
가벼운 공기가 등 뒤에서
바람과 함께 불어온다

꽉 찬 화폭에
채색하지 않은 스케치인 것처럼
햇살이 구름에 가려 뿌옇게 보이고
삶의 공연을 관람석에 앉아 구경하는 마음으로
세상으로 나 있는 창문을 연다

나도 당신의 안부를 묻고 싶다
잘 지내고 계시나요?

안부

누군가 지나가는 소리를 듣습니다

꽃향기 만발해 코가 매워오는 하오
한 줄의 엽서를 쓰고 싶어 서둘러
먼지를 닦아 봅니다

목이 쉬도록 불렀던 동심초의 감정이
선명해진 지금
가난했던 청춘의 마음이 툭툭
마른 소리를 내며 부러집니다

잘 견디고 지킨 나뭇가지의 시간들에게로
꽃이 많이 피는 계절이어서
뒤란에도
한 줄
붉은 접시꽃이 피었습니다

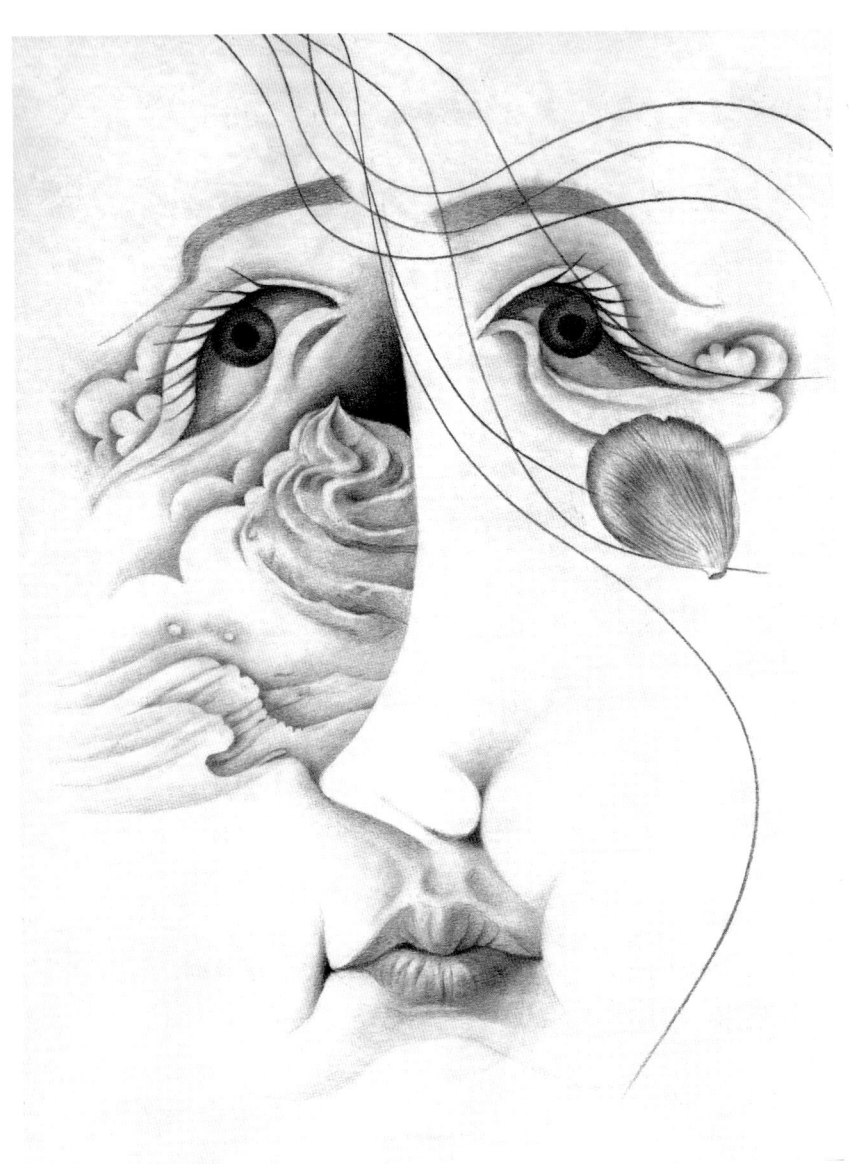

비탈 위에 서다

올려다보아도
어제 보이던 별 보이지 않아
외별 하나 머릿속에 그려 봅니다

비탈길을 올라 서는 동안 풀려진 시계줄이
한참이나 사방을 둘러보게 해주었습니다

버릇

살아온 시간들이 지문인 양
찍혀있는 모습입니다

절망 비슷한 감정을 이기려고
절실을 배우려 했던
버릇의 시간이었던가 봅니다

짧았던, 그리고 길었던

밤이 길어 난로의 불도 다 타버렸다

밖은 춥고 바람은 멀리서 응얼대기 시작한다

아직도 돌아오지 않는다

마음에 바늘이 꼽혀 무엇을 해도 펴지지 않는다

멀리 있어도 가깝게 머물러 있는

너의 기슭에서

미처 무엇이 되지 못한 내가

짧았던, 그리고 길었던 흉터를 만지며 있었다

짧은 시

풀이 누웠다

가랑잎들은 오그라들어 부서지고 있었다

때 늦은 볕은 다른 곳을 비추고,

갈아타야 할 정거장을 놓치고도
방향을 바꾼 손님처럼
땅거미 지는 언덕을 내려 가셨다

유품을 거들지 못했던,
책장 뒤로 넘어가 있는 용돈 봉투에는
오만 원이 더 들어 있었다

"버스값이 올랐더라"

(B플렛)

나를 지켜주는 것과 떠나가는 것 사이에서
가장 아름다운 집을 짓습니다.

김혜주

당신의 마음에 이름을 붙여야 했을 때 나는 계절을 타고 가는 기나긴 터널을 지나갔다.

달빛 밟고 가는 꽃이었던 날의 당신을 만난다. 잠들지 않은 유혹, 낙태한 새벽의 혼으로 깨워주는 진한 고백을 듣는다. 사랑을 찾았을 때 사랑 같은 건 시시하다고 투덜대었다. 헤어졌다고 했을 때 슬픔을 위로했지만 환호가 내 안에서 소리쳤다.

결핍을 인정하는 벌거벗은 몸으로 본능적인 질투를 숨기면서 몸의 등뼈가 곧추 세워졌다. 걷고 뛰었던 무량한 순간들과 나를 몰아가던 시간이 녹아들면서 거침없는 황홀한 시간이 시작된 것이다. 같은 모습을 닮으려고 매달렸던 고통과 닮지 않으려고 발버둥쳐야했던 저항을 밟아가며 도착한 장소에서 여전히 부재하는 나도 보았다.

 좀 더 먼 곳에서 더 멀리 있던 나를 떠나온 자리, 밀려오는 파도의 푸른 순결을 잔기침처럼 돌려보내는, 저 물결의 순성을 익히려 낯선 그림자를 찾아온 자리에서 낯선 기류를 타고 온 나를 발견한다. 상냥한 웃음 뒤에 남아있는 익숙한 슬픔을 슬픔으로 위로받는 실금의 시인, 남아 있지 않은 관계를 쓸어 담으려고 극한적인 절망을 껴안는 시인, 그 길 위에 서 있는 내게로 외딴 샤프란 향기가 스쳐간다.

 두근거리는 심장으로 시를 사랑하는 마음을 사랑하기에 시가 필요한 순간은 틈새를 가리지 않고, 캄캄한 밤 애타게 기다리는 새벽처럼 찾아오는 것이리라. 시는 지식으로 쓰는 언문이 아니라 이 지상의 시인들이 순정하게 살아가면서 인식하지 못하고 지나쳤던 아름다운 낭만을 낯선 언어로 전해주고 있음이라.

 어쩌자고 나는 시를 쓰려 하는지, 눈물겹고 안쓰러운 시를 쓰고 있는지, 벅찬 그 스침으로 가슴이 미어진다. 아무도 모르게 약하고 언제까지나 괜찮은 척, 깊이를 확인할 수 없는 우울과 통증으로 허물어지는 문장을 포기할 수 없었다. 확신했던 지구 반대편에서 올리브와 발사믹 식초를 뿌린 야채를 싱싱하게 먹고, 아카시아 향기 닮은 진한 오렌지 향기를 염탐하다가 작은 유리새 울음소리를 들었다. 잠시 머물다 가는 새를 붙잡을 수 있을까, 그 황홀한 순간이 허락될까.

적막하고 쓸쓸한 마당에선 바람이 불고 늘어진 햇살에 풀이 돋아나고 꽃이 피고 비가 내렸다. 뜬눈으로 지새운 별들이 환히 저물 때 숨겨진 풍경처럼 살아온 많은 날이 대견스럽게 빛을 내주었다. 효자동, 옛날 과자를 몇 봉 사들고 온 그 발걸음에도 재킷 주머니에 넣는 손을 가만히 감싸주는 그 마음에도 너와 내가 잠시 머물던 그곳은 한참이나 따스했다.

허름한 나무 의자에 앉아 빈 하늘을 바라보던 표정 없어진 당신을 시편 같은 피아노소리가 거짓말처럼 미소짓게 한다. 봄이 되면 어디 먼 곳을 다녀오느라 연락이 어려울 거라면서 오래도록 손을 잡고 있게 한다.

사랑이 왔는지, 저무는지도 모르게 가장 진실하고 절실한 고백을 하게 한다. 이른 새벽을 걷다가 눈물을 쏟아야 할 것 같은 해안가에 다다를 때까지 숨을 들이쉬고 내쉬면서 다시 집을 찾아오게 한다.

초록과 붉음의 강이 흘러갔던 어린 시절 명작동화를 읽었던, 오로라에 빠져들었던 아름다운 시간으로 돌아가고 싶어진다. 숲새들이 귓가를 지나가고 풀꽃 같은 기억이 되살아날, 우체통이 있던 오솔길을 따라 살구나무가 향기를 내며 열매를 툭 떨군다. 들판에 소리 없이 나뭇잎이 흔들릴 때마다 페이지를 넘기는 손이 흔들렸던…… 순정이 따뜻한 유년을 품었더랬다.

땡볕 아래에서도 촉촉하던 마당의 흙냄새와 배고픔을 달래주던 한량없는 햇살 덕분에 세상은 좁고 허기졌으나 비옥했고 사랑이 피어났다. 경험하지 못한 이국의 환한 날들을 독서로 경험했다. 열차 안으로 들어오는 햇살이 애를 태운다. 미완의 빛을 품기까지 달려왔을 장엄의 밤과 소등의 새벽 교차로 오랫동안 묵혀둔 소식을 전하고 싶어진다. 채우지 못했던 시절을 나누고 싶은 그리운 날이다.

나는 이 길 위에 서 있다. 그래서 살 것만 같고 살아야 할 이유도 생겼다. 사소한 슬픔과 실패도 심장으로 안아주는 사람이 시인이다. 늦은 저녁 잘 키워진 뒷모습의 기운을 나는, 고요와 침잠으로 장착하고 날마다 간이역을 지난다. 새벽부터 들은 땅의 기척을 어두워지기 전에 온몸의 문장으로 옮겨야 한다. 별다르게 신기한 일이 아닌, 나는 시인을 모방하는 시인이다.

강변을 걷고 경계선을 아슬하게 넘어가면서 좀처럼 떠나지 않는 쓸쓸함과 만나면서도 마음이 그윽해져서 시의 풍경 안으로 걸어갈 소스라치는 힘이 생긴다. 오지 않는 당신을 찾아 여전히 나는 아슬아슬한 항해를 하고 있다.

(B플렛)

고요와 마주한
문 철 작가의 울림소리

문 철
홍익대학교 미술대학 명예교수

　차이코프스키의 '우울한 세레나데'를 들으면 잿빛 하늘의 침울한 러시아의 분위기와 곡 전체에 흐르는 멜랑코리가 B flat으로 시작해서 D flat으로, 다시 B flat으로의 전환은 그 '우울함" 비통"을 잘 표현하고 있다. 김혜주의 시들을 읽으면 거의 이러한 분위기가 매력적으로 감지된다.

　시인의 글은 어쩌면 섬어譫語로 이루어져야 할지 모른다. 일상적인 언어로는 시인이 추구하는 그 세계로의 입구를 찾을 수 없기 때문이다. 200여 년 전의 영국의 존 스튜어트가 신경쇠약으로 헤맬 때도 윌리엄 워즈워스의 시를 읽고 위안을 얻어 치유되었다고 한다. 시에 사용된 섬어같은 문장이 기쁨, 슬픔, 분노 등의 감정 그 자체로 삶을 풍요롭게 한다는 것을 깨달았고 숨어있는 감정을 강하게 느꼈다는 이야기에서도 알 수 있다. 나 자신을 정복하는 것이 한 도시를 정복하는 것보다 더 어렵다는 말이 있다. 정신적으로 어려울 때 의학적인 약 처방만으로는 치료할 수 없을 것이다. 나의 처방이라고 감히 말할 수 있다면 그건 시를 읽는 것이고 시가 입고 있는 옷을 함께 입어 보는 것이다. 시를 읽으면서 시인의 의도를 내 것으로 만들기 위해 나의 몸과 감각기능이 집중하게 된다. 시가 가지고 있는 이해의 퍼즐을 풀기 위해 시의 그림을 그리다 보면 또 다른 나를 만나서 마음 상태를 수평화 상태로 안정시키고 다른 정신세계를 경험하게 되는 특별한 시간을 만나게 된다. 들레즈가 말한 것처럼 시인은 아마도 '사물 되기'에 집중했던 것 같다. 나도 시를 읽으면 시 속의 사물이 되고 현상이 되어 나를 객관적으로 대할 수 있었다. 즉, 나에게서 빠져나와 나를 '없음'으로 만드는 것이다. 내가 없으니 고통도 없고 감정만 생성된다.

극도로 절제한 배경과 오묘한 조화로 일상적인 것을 초월한 이 시집 속의 고아한 인성을 그림으로 표출하기 위해 한 가지 재료만으로, 그 사물과 상황을 그 자체로 해석하지 않고 전혀 다른 의미로 변환시키기로 했다. 기본 모티브로 한 얼굴을 조형요소인 점, 선, 면을 기법적으로 동원하고 다양한 표현기법을 활용하여 초현실적으로 묘사하는데 충실했다. 본래 의미를 소실한 채 부유하는 단어들로 이루어진 시인의 시에서 논리적인 생각이 아닌 전방위적으로 전달되는 우울감, 소외감, 외로움, 그리움, 처연함 등과 같은 다소 네가티브한 감정들은 어쩌면 인간만이 가지고 있는 고귀한 능력 이상으로 삶을 풍요롭게 할 것이다. 우리를 깊은 상념에 빠지게 하는 이러한 뉘앙스는 삶을 보석처럼 빛나게 해주어서 소중히 받아들이고 보듬어야 한다.

인간을 가치있게 하는 소중한 감성들은 오늘날과 같이 하루가 다르게 달라지는 첨단과학시대의 환경에 더욱 절실하게 요구된다. 슬픔과 외로움이 없고 그리움마저 없는 삶이란 상상조차 할 수 없는 우리 삶 영역 밖 이야기이다. 이런 분위기를 위하여 특히 연필의 다양한 색조가 깊은 감정을 표현하기에 적합할 것이다.

작금의 AI 시대에는 모든 상황에 적절히 대응하고 가치있는 삶을 위하여 이전 시대와는 다르게 창의력으로 무장하고 살아야 한다. 이전에는 우리의 주변을 무의식적으로 지나치던지 무감각으로 반복적인 삶을 살았다면, 이제는 보이는 것을 당연하게 보지 않고, 평범한 사물을 비범하게 보고, 들리지 않는 것을 들으려 하고 보이지 않는 것을 보려고 한다면, 아마도 강금 당한 채 살아가는 우리의 감각이 창의적으로 해방되지 않을까? 즉, 그것은 소위 '울림'이 있는 삶인데 모든 사물이 가지고 있는 고유한 떨림과 그 진동에 공명하는 '울림'이 오늘의 진정한 삶의 자세일 것이다. 존재하지 않는 것을 상상할 수 있는 능력이 창의력이라고 통념화되어 있지만 우리 앞과 옆에 존재하는 것 또한 상상할 수 있는 진정한 창의력이라고 생각한다.

일찍이 하이데거는 '현대의 공허한 삶에서 벗어나는 유일한 길은 우리 주변의 자명하고 진부한 것에서 경이로움을 느끼는 것'이라고 했다. 나는 시인의 시에서 드러나고 있는 일상에 흔히 있는 사물, 상황들 속에서 평범한 단어들의 진동을 새롭고 기이하게 배치 조절함으로 읽는 이들이 편견을 잊고 사소한 경이로움을 느끼기를 원했을 것으로 이해하고 해석하고 있다. 시인은 일상 속에서 포착한 평범한 것들을 '시간의 옷자락', '감금한 시간', '죄 없는 꽃잎', '녹색의 뒷모습', '시간의 언어', '매운 그리움', '치명적인 우주', '마음이 걸어가는' '빛 소리' 등과 같이 이질적인 단어들을 연금술사처럼 조합하였다. 그것들은 우리 옆에 있었으나 느끼지 못한 새로운 세상에 눈을 뜨게 해주었다. 마치 미다스의 손처럼 단어들을 마치 기능을 망각한 사물처럼 취급하여 시인의 눈에 만겨지는 모든 사물과 상황을 완전히 다른 차원으로 바꾸어 주었다. 일상 속에서 빛나는 순간들의 포착, 보이는 것을 당연하게 보지 않기 위해 내적 저항에 투철했을 시인은 아마도 이러한 은유를 찾아 살아왔을 것이다. 늑대의 세포에는 그동안 잡아먹은 양의 흔적이 새겨진다 하지 않던가. 시인의 세포에는 그동안 다양한 생활 감각으로 접한 것들의 흔적이 새겨져 있을 것으로 추측된다. 이렇게 드러난 시인의 시 내용을 시인의 의도대로 그 진정한 우울함을 그대로 시각적으로 변환시키는 것은 불가능하다. 단지 이 시에서 전달되고 포착되는 내용과 사물들 그리고 시어와 시어 사이의 공간에서 느껴지는 공허함을 내 나름대로 다시 상상하고 재해석하는 과정으로 작업을 하였다. 일종의 감정이입인데 재료 선정도 소멸과 생성의 상징으로 탄소 재료인 흑연 연필에 집중하여 절대적 시간이 요구되는 기법으로 원초적 재료인 종이에 구현시켰다.

 시인이 던져준 단어들의 유희를 곱씹고 즐기며 우리에게 익숙한 이미지들로 화면을 구성하였다. 그 안에 담긴 일상적 요소들의 규칙을 파괴하면서 비논리화 시키고, 이질적 배치로 호기심적 유희도 제공하였다.

작품의 주된 모티브인 '장미꽃잎' 작업의 변주는 이 시집에서의 절대불변의 허무를 바니타스Vanitas적인 요소로 나타내려 함이다. "모든 사물의 끝은 허공인데 그 끝의 허공이 아닌 것이 꽃"이라는 서정주의 시처럼 나는 허무로서의 낙화가 아니라 다른 사물로서의 장미꽃 낙화를 배치하여 지속 가능함을 상징적으로 나타내었다. 시인의 시에서 가져온, 몫을 다한 꽃잎의 낙화 느낌을 재생 가능한 마침표와 같은 이미지상의 역할로 낙화의 의미를 승화시킬 수 있었다.

이 작업은 무엇을 계몽하고 호소하려는 게 아니라 보는 이들에게 최소한 시의 의미전달이 가능토록 다양한 필압과 많은 스트로크로 시각적 요소들을 축약 변형시켰고, 삶의 따분함을 분절하고 심미성의 획득을 위해 연필의 다양한 기법을 활용한 시각적인 짜임새와 높은 밀도로 표현했다.

우리는 평범한 사물들을 대하는 다른 태도를 분명하게 갖추어야 한다. 그 변화로 틱나한 스님의 '우리에게 행복할 조건들은 얼마든지 있다'는 진정함을 알게 될 것이고 하이데거의 '경이'를 취득하고, 의미 없는 삶은 없고 존재 이유가 없는 사물은 없다는 것을 깨달을 수 있을 것이다.

(B플렛)

축사

사랑한 이의 기록된 날들

강지원
시인

어떤 시는 읽는 이의 시간을 멈추게 한다. 특히 사랑한 이와의 지나온 날을 담은 기록처럼 느껴지는 시는 더욱 그러하다. 그 안에서 나는 나의 잃어버린 조각들을 발견하고, 잊고 있던 감정의 결들을 다시 어루만지게 된다. 그녀의 시가 그렇다. 마음속 깊은 곳에서 울리는 공명처럼, 그 시는 단순히 활자들의 조합이 아니라, 나와 당신 사이, 우리가 함께 걸었던 시간의 발자취처럼 다가온다.

우리가 서로를 사랑했던 그 시간의 기록들. 그것은 어떤 기념물보다 단단하게 내 안에 새겨져 있다. 때로는 햇살처럼 따스하게, 때로는 그림자처럼 아득하게 남아있는 그 흔적들은 지워지지 않는 일부가 되었다.

당신과 나 사이에서 끊임없이 흘러갔던 그 시간 속 기억들. 그

것이 영원처럼 우리를 불렀으나, 어쩌면 우리는 서로에게 온전히 닿지 못했던 목소리들의 메아리였을지도 모른다. 너로부터 흘러와 나에게 닿지 못하고 부서진 말들, 나로부터 생성되어 너에게 닿기 전 흩어진 감정들. 함께였음에도 불구하고 서로에게 온전히 가 닿지 못했던 순간들의 연속, 그 모든 '기록의 부재들'이 역설적으로 가장 생생하고 진실된 기록이 되는 순간을 나는 그녀의 시 속에서 발견한다.

그 부재가 당신이 되어, 그리워했던 날들의 시간이 비로소 온전한 모양새를 갖추는 듯 느껴진다. 그녀의 언어는 바로 그 부재의 공간을 채우는 희미한 빛 혹은 짙은 그림자 같아서, 읽는 이로 하여금 나의 부재, 내가 잃어버린 당신, 그리고 상실이 남긴 내 안의 빈자리를 비로소 마주하게 한다. 그 마주함 속에서 쓰린 아픔과 함께 알 수 없는 위로를 동시에 느낀다.

그녀의 시가 자화상처럼 오는 단상들은 그래서 더욱 깊이 와닿는다. 시 속에 담긴 질문들은 시인 자신의 내면을 비추는 거울이기도 하지만, 그 거울은 동시에 그 글을 읽고 있는 나, 바로 내 얼굴을 마주하게 하기도 한다. 사랑의 시작과 끝에 대한 물음들, 관계 속에서 겪는 고독과 번민, 엇갈린 시선들, 혹은 영원히 답을 찾지 못할 존재의 이유 같은 것들이 고스란히 내 안의 질문들과 포개진다. 그녀의 거울은 나의 주름과 슬픔, 나의 희망의 흔적들이 그 시 속에서 언어로 재현되는 경이로운 경험을 선사한다. 그것은 시인의 자화상이자 그 시를 읽고 있는 나의 거울이 되는 순간들이다.

이 모든 감정의 흐름 속에서, 이른 봄 어느 도시 언덕 위의 성모상 앞에서 조용히 한쪽 무릎을 꿇고 머리 숙여 묵도하던 여인의 이미지가 강렬한 잔상처럼 내게 남아있다. 그 깊은 침묵처럼, 시인의 언어는 가장 절실한 순간에 오히려 침묵하는 법을 아는 듯하다. 말로는 다 담을 수 없는 사랑의 깊이, 상실의 무게, 그리고 부재가 만든 그리움의 부피가 그 묵언 속에 응축되어 있다. 그 고요는 잔상처럼 내 새벽을 채우며, 시의 마지막 행을 넘긴 후에도 오랫동안 가슴속에 남아있다.

  결국 그녀의 시는 우리가 사랑했던 날들의 기록이자, 그 기록 속에서 비로소 온전해지는 부재이며, 나 자신을 발견하는 거울 속 기도문이다. 그리고 그 모든 순간이 나와 당신 다시 우리들의 새로운 기록으로 남게 된다.

> B플렛

~~~~ 축사

일상적인 것들의 연금술

최재진
《Korea Focus》 발행인

　영원을 염원하는 눈길은 사소한 일상의 떨림에도 민감하다. 이 섬세한 흔들림은 비루하고도 어쩌면 고귀한 삶이 우리에게 건네는 암호일지 모른다. 친숙한 사물과 사건들이 시인에게 주는 끊임없는 불안감은 어쩌면 찰라 속에서 영원을 보여주는 계시처럼 읽혀진다.

　김혜주 시들이 주는 감동은 이런 소소한 삶의 순간을 놓치지 않는 감각에서 비롯된다. 놀랍게도 그 순간에서 시인은 영원의 세계와 맞닿아는 지짐을 포착한다. 그것은 우연히 마주 친 책갈피 속 숨어있던 한 장의 엽서일 수도 있고, 태양이 저무는 기슭으로 돌아가는, 안개 속으로 몸을 감춘 바람 소리일 수도 있다. 시인은 이렇게 말한다. 땡볕에 마른 흙이 부푼다/그 속/우주가 속삭인다/늦가을에 만난 목숨이다.

우리들이 그냥 지나치는 혹은 그냥 놓아 보내는 일상의 점멸하는 순간들이야 말로 실존의 참을 수 없는 불안이 마치 급성독감처럼 영혼과 몸을 사로잡는다. 그러나 역설적으로 바로 그런 순간들이야말로 삶의 단면 속에서 마치 행운처럼 다가온 영원의 속삼임이기도 하다.

　일상 속에서 반복하는 불안과 구원의 순간들이, 김혜주 시에서 다양한 일상세계의 이모저모이다. 어쩌면 진부할 수 있는 사물들과 상황에 깊은 울림을 더하는 것은, 사실상 우리는 이 세계에서 영원한 피난민들이라는 시인의 놀라운 인식이다. 시인은 전해준다. 이 세상은 "지도에도 표시되어 있지 않은 나라"이며 그 곳에서 우리는 "죄의 형옥에서 탈옥을 시도하는/은밀한 모의"를 꾸미며 밀항을 감행하는 지 모른다.

　피난민들에게는 넘쳐 흐르는 회상의 순간만큼이나 중요한 것은 지금 이 순간에서 마주치는 소소한 현실을 내일의 희망으로 바꾸어 줄 수 있는 그런 정신의 연금술이지 않을까?

> B플렛

___ 축사

연필로 그린 드로잉은
초현실주의 세계의 환영적 이미지

정연심
홍익대 미술대학 예술학과 교수

 문철 작가가 연필로 그린 드로잉은 초현실주의 세계의 환영적 이미지가 지배한다. 시각적 무의식과 환영적 요소가 결합된 그의 작품은, 여기에 더해진 디자인 감각 덕분에 심리적으로 더욱 절묘한 긴장감을 만들어낸다. 여성과 남성의 얼굴처럼 보이는 형상은, 자세히 들여다보면 눈에서 폭포가 쏟아지거나 눈물이 흐르는 듯한 인상을 준다. 여성의 입술처럼 보이는 부분도 다시 보면 기묘한 음영을 지닌 자연물이나 잎사귀로 변주된다. 물고기 문양, 손, 눈이 만나는 지점에서는 우리의 상상력이 자극되어, 이제껏 본 적 없는 초현실적 세계로 이끈다.

 단순한 점·선·면, 그리고 사물 주변을 묘사하는 음영만으로도 우리의 시선은 어느 한 곳에 머물지 못하고 새로운 공간으로 끊임없이 초대된다. 새 부리처럼 보이는 형상 아래로는 사람의 코와

입술이 드러나고, 찻잔의 향기가 파장처럼 번진다. 이 드로잉 속 사물들은 각각 독립적으로 존재하지만, 서로 연결된 내러티브는 없다.

그러나 그 개별적 사물들이 하나의 의회를 이루듯 연결되어 이곳과 저곳을 가로지른다. 작가의 손과 눈이 이토록 바쁘게 사물의 파편을 이어간 적이 있었을까.

묘하지만 결코 기괴하지 않다. 이는 사물을 바라보는 작가의 따뜻한 시선과, 그 속에 담긴 유머와 위트 덕분이다.

(B플렛)

~~~~~ 축사

작품 속 동시대성同時代性은
매우 귀감이 되고, 존경하는 부분

이사라
작가, 미술학 박사

    흔히 예술작품을 평가할 때 동서고금을 막론하고 동시대성同時代性을 갖고 있어야 좋은 작품이라고 말한다. 음악과 문학은 물론 미술작품에서도 동시대성은 예술가가 반드시 고민해야 할 커다란 숙제이기도 하다. 문철 작가님의 작품을 보면 이러한 동시대성을 갖고 있어서 젊은 세대들의 시각으로 작품을 보았을 때도 매우 현대적이고 세련되어 보인다. 작업에 있어 이러한 부분을 항상 고민하는 후배작가들에게 문철 작가님의 작품 속 동시대성同時代性은 매우 귀감이 되고, 또 존경하는 부분이기도 하다.

    시집 'B flat'은 잘 짜여진 문학과 미술의 컬래버레이션 Collaboration으로 느껴졌다. 마치 시와 연결한 그림을 통하여 또 하나의 새로운 걸작을 만들어 낸 듯하다. 각각의 시와 연결된 세밀한 작품들은 일상에 대한 다양한 면모를 보여주는 것은 물론 무의미한 사물들의 이질적이고 어찌 보면 생소하기도 한 재미있는 배치와 구성으로 우리를 무한한 상상력의 세계로 인도한다.

특히 작품 곳곳에 등장하는 장미잎은 문 철 작가님의 섬세한 표현으로 시각적으로 아름답기도 하지만, 한편으로는 아름답게 꽃이 개화한 후 점점 떨어지고 말라가는 잎을 통해 삶의 허무함, 무의미, 공허 등을 나타내는 바니타스Vanitas적인 요소도 볼 수 있다.

이는 다양한 감정의 희열과 인간에게 주어진 절대불변, 삶의 유한성의 경고로 느껴지기도 했다. 또한 색을 배제하고 단색으로 그려낸 작품들은 문명의 시작을 함께한 종이와 연필의 주재료인 탄소가 상징하는 생성과 소멸을 완성시켰다. 시의 내용과도 섬세한 조화로움을 만들어내고 있어 미로에서 길을 찾아내는 기쁨을 만끽했다.

빨리 변화하고, 다소 자극적인 시각예술에 젖어있는 젊은 세대의 작가들에게 이러한 문철 작가님의 시에 대한 섬세한 연구로 탄생시킨 조화로운 작품들은 다시 한번 우리에게 예술이 주는 의미와 진정한 아름다움에 대하여 명쾌한 고민을 하게 만든다.

반복되는 일상에서 'B flat'의 시와 작품들은 우리의 시각을 보다 새롭고 넓게 만들어주는 스승과 같이 느껴진다.